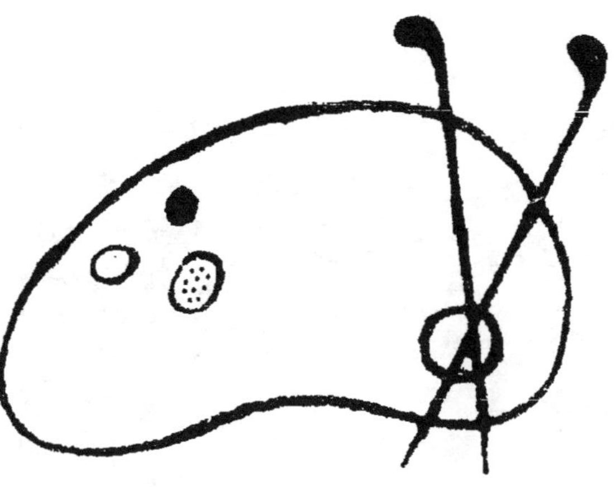

Début d'une série de documents en couleur

Couverture inférieure manquante

AF232576

Verdier

UN PROCÈS SÉCULAIRE

LA

SEIGNEURIE ET VICOMTÉ

DE PONTAUDEMER

PAR

PIERRE LE VERDIER

Docteur en Droit

Avocat à la Cour d'Appel de Rouen

ROUEN

IMPRIMERIE DE ESPÉRANCE CAGNIARD

88, rue Jeanne-Darc, 88

1888

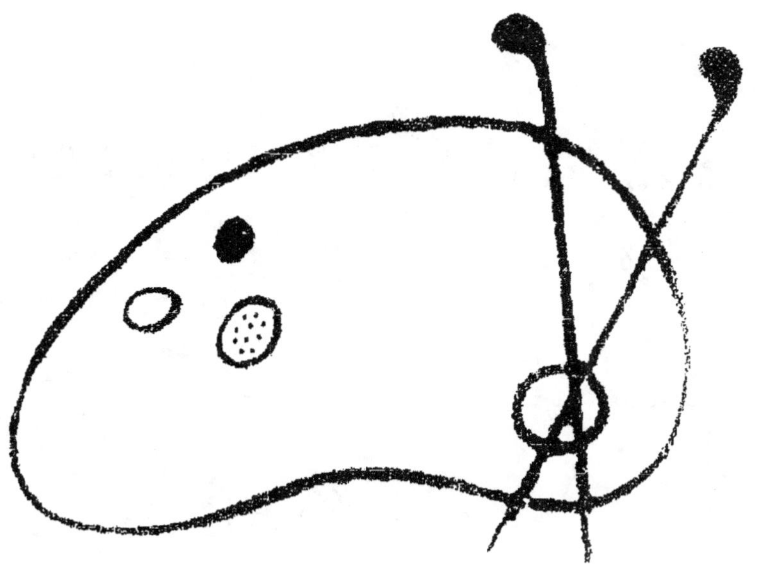

Fin d'une série de documents
en couleur

À Monsieur Léopold Delisle

Membre de l'Institut

hommage du très profond respect

P. Allendier

LA SEIGNEURIE ET VICOMTÉ

DE PONTAUDEMER

UN PROCÈS SÉCULAIRE

LA

SEIGNEURIE ET VICOMTÉ

DE PONTAUDEMER

PAR

PIERRE LE VERDIER

Docteur en Droit
Avocat à la Cour d'Appel de Rouen

ROUEN

IMPRIMERIE DE ESPÉRANCE CAGNIARD
88, rue Jeanne-Darc, 88

1888

LA SEIGNEURIE ET VICOMTÉ

DE PONTAUDEMER

La possession de la Vicomté de Pontautou et Pontaudemer a fait l'objet de longs débats, qui, succédant eux-mêmes à des contestations déjà séculaires, ont éclaté en 1766 et se sont, après des vicissitudes sans nombre, définitivement terminés par un arrêt de la Cour d'Appel de Rouen du 30 mars 1885 (1).

L'étude du dossier qui nous avait été confié a été pour nous l'occasion de recherches historiques. Elles nous ont paru offrir quelque intérêt, et nous allons essayer de les résumer.

Et d'abord, qu'est-ce que la vicomté de Pontautou et Pont-audemer ? En Normandie, on entend par vicomté non une terre titrée, mais un siége de justice avec des attributions administratives et fiscales. Le domaine d'une vicomté consistait donc dans les revenus, rentes et droits seigneuriaux qui se percevaient au nom du souverain sur les fiefs et les paroisses dépendant de son ressort, la coutume des halles et marchés qui en dépendaient, le produit des amendes, des greffes, des notariats, le droit de nommer aux offices, etc.

(1) Il est fait mention de ce procès dans l'*Essai sur l'arrondissement de Pont-Audemer*, par Canel (t. II, p. 299); les *Mémoires de A. Le Prevost, pour servir à l'Histoire du département de l'Eure* (vᵒ Pontaudemer) ; le *Dictionnaire historique de l'Eure*, par Charpillon (vᵒ Montfort). Ce dernier apprécie le procès en ces termes : « La force prime le droit. »

6

A l'origine, il y avait deux vicomtés distinctes avec des territoires séparés, celle de Pontaudemer et celle de Pontautou. Réunies au XIVe siècle et confiées au même vicomte, elles formèrent dès lors la vicomté, dite vicomté de Pontautou et Pontaudemer, dont le territoire s'étendait à 166 paroisses et environ 700 fiefs. La possession des droits ayant appartenu à la couronne dans l'étendue de cette vicomté, voilà le principal objet des procès dont l'historique va suivre.

Il y sera question aussi de la Prévôté de Montfort. Anciennement, en Normandie, les expressions prévôté et vicomté, prévôt et vicomte, paraissent avoir été à peu près synonymes. Quand la province fut régulièrement organisée en bailliages et vicomtés, la prévôté disparut, et le mot ne fut plus guère retenu que pour désigner quelques revenus appartenant au roi dans l'enceinte des villes et des bourgs (1). C'est en ce dernier sens qu'il faut entendre cette prévôté de Montfort, qui s'est conservée distincte jusqu'au milieu du XVIe siècle, alors que l'antique juridiction ou vicomté du même lieu avait disparu depuis longtemps, confondue dans les deux vicomtés voisines (2).

En 1766, nous trouverons réunies dans les mains d'Auguste Danican, marquis d'Annebaut :

1° La seigneurie d'Appeville-Annebaut, antique domaine de la famille d'Annebaut;

2° La Prévôté de Montfort, aliénée par le roi en 1545;

3° La Vicomté de Pontautou et Pontaudemer acquise du roi, en 1550, par la fille de l'amiral, Magdeleine d'Annebaut;

4° Des terres vaines et vagues fieffées par le roi, vers 1581,

---

(1) M. de Beaurepaire, *Vicomté de l'eau.* Cette expression se conserva encore dans les prévôtés seigneuriales, la prévôté des maréchaux.

(2) Elle dut disparaître avec les derniers seigneurs et comtes de Montfort à la fin du XIIe siècle.

à une cousine et héritière de Magdeleine, Jeanne de Segrestain, femme de Nicolas Martel de Bacqueville.

La lutte, engagée une première fois, en 1627, et reprise en 1766, aura pour but de faire restituer à l'Etat les trois derniers de ces domaines. En racontant leurs origines, les actes et les contrats dont ils furent l'objet, nous aurons fait connaître les pièces du procès, c'est-à-dire exposé les causes et l'objet des luttes que le marquis Danican d'Annebaut et ses successeurs eurent à soutenir.

I.

1545, aliénation par le Roi de la Prévôté de Montfort, au profit de Nicolas Dubuisson; revente à l'amiral d'Annebaut. — 1550, aliénation par le Roi de la Vicomté de Pontautou et Pontaudemer, au profit de Magdeleine d'Annebaut. — Vers 1581, aliénation par le Roi de terres vaines et vagues, au profit de la dame de Bacqueville.

Au milieu du xvie siècle, la seigneurie d'Appeville, paroisse voisine de Montfort-sur-Risle, appartenait au célèbre Claude d'Annebaut, qui fut maréchal de France, amiral, gouverneur du Piémont, lieutenant-général en Normandie, ambassadeur et ministre de François Ier, dont il avait partagé la captivité. Possesseur d'immenses richesses, il avait entrepris à Appeville la construction d'un château aux proportions grandioses, qui ne put être achevé, et avait rebâti à ses frais l'église paroissiale.

En 1548, il avait obtenu l'érection en baronnie de son fief

8

appelé désormais Appeville-Annebaut. En 1551, il se rendit
acquéreur de la Prévôté de Montfort :

*Du mercredi 24ᵉ jour d'avril après Paques 1551, noble homme
Nicolas Dubuisson, seigneur de Lessart, demeurant en la paroisse
Saint Denys de Rouen, lequel confessa avoir vendu... à hault et puissant
seigneur messire Claude d'Ennebault, seigneur et baron du lieu et de
la Himaudaye, chevalier de l'ordre du roy, gouverneur et lieutenant
général pour ledict seigneur en ce pays de Normendye et admyral de
France, absent, comparant par noble homme maitre Jehan Bonshoms,
seigneur de Couronne, conseiller du roy nostre sire en sa court de
Parlement*, présent et stipulant pour lui, *la Prévosté de Montfort
sur Risle en tout ce qu'elle consiste et peut valoir.... Et ce moyennant
la somme de 2923 livres 17 solz 6 deniers tournois* (1).

De qui et à quel titre Nicolas Dubuisson tenait-il cette prévôté ?
Du roi, suivant l'adjudication qui lui en avait été consentie en
1545. Mais était-ce à titre incommutable et définitif, ou bien
à titre de simple engagement, le roi se réservant le droit de rachat perpétuel ? On l'ignore, et ce fut une des questions du procès.
Le titre original de l'adjudication est perdu ; on ne la connaît que
par le contrat précédent qui s'y réfère en ces termes : *jouxte la
vente et adjudication qui en a esté faicte* (à Nicolas Dubuisson) *pour
et au nom du Roy nostre Syre par nobles hommes messeigneurs Jehan
Feu, conseiller dudit seigneur et Président en ladicte court de Parlement à Rouen, et Jacques Daniel, aussi conseiller et Président aux
Requetes dudict Palais, et commissaires dudict seigneur en cette partye,
comme il appert par les lettres de la vendition et adjudication données
audict Rouen soubz les seings et sceaulx desdits seigneurs commissaires
le 13ᵉ jour de febvrier l'an 1545.* On sait, d'autre part, que cette
adjudication avait eu lieu moyennant le prix de 1,980 livres (2).

(1) Tabellionnage de la Vicomté de Rouen *(Arch. de la Seine-Inf.)*.
(2) Voyez, *infra*, Arrêt du Conseil d'Etat du 12 juillet 1636, *Arch. Nat.*,
carton Q¹ 191.

L'amiral d'Annebaut est mort en 1552; il repose dans l'église d'Annebaut. Il laissait un fils, Jean, qui périt en 1562, à la bataille de Dreux, sans postérité, et une fille, Magdeleine d'Annebaut. Celle-ci hérita dès lors de la baronnie d'Appeville-Annebaut et de la Prévôté de Montfort; elle les ajouta aux possessions importantes dont elle jouissait déjà, la Vicomté de Pontautou et Pontaudemer.

Magdeleine d'Annebaut avait épousé en premières noces le marquis de Saluces, et la politique paraît bien n'avoir pas été étrangère à cette union. C'est encore le temps des guerres d'Italie; or, le marquisat de Saluces, situé sur la frontière, était comme la clef du Piémont et du Milanais. François Ier s'en était emparé en 1529; mais en faisant épouser au marquis de Saluces, dernier rejeton de sa race, la fille de son conseiller, le roi de France s'assurait la fidélité du marquis, son vassal, et consolidait sa conquête.

Le contrat de mariage fut signé devant les notaires du Châtelet de Paris, le 17 mars 1541, et ratifié par des Lettres Patentes données à Esclairon, au mois de juin 1542 (1). Magdeleine d'Annebaut apportait à son mari une dot de 50,000 livres. Celui-ci, pour le cas de son décès, lui garantissait sur ses domaines un douaire et le remboursement de sa dot. Il promettait, ainsi que le rapportent les Lettres patentes d'avril 1550 dont il va être bientôt question, et qui sont reproduites à la fin de ce mémoire, il promettait *en faveur et contemplation dudit mariage la somme de six mil livres tournois en revenu annuel d'une part pour son douaire viager sur les pays, terres et seigneuries dudit marquisat et comté de Carmagnoles. et, pour son dot montant cinquante mil livres, la somme de deux mille cinq cens livres tournois*

____

(1) Cf. Arrêt d'enregistrement du Parlement de Rouen du 20 juin 1550, *infra.*

aussi en revenu annuel d'autre part sur la conté, terres et seigneuries de Ravel, et généralement sur tous les autres biens dudit sieur marquis et de proche en proche jusqu'à plein et entier remboursement desdits cinquante mil livres tournois (1).

Quelques années après son mariage, en 1546, Magdeleine d'Annebaut devenait veuve; le dernier marquis de Saluces mourait sans postérité. Le roi de France, en vertu du droit féodal, saisit immédiatement tous les revenus de son vassal : *depuis,* continuent les mêmes lettres, *le trespas duquel feu sieur marquis de Saluces qui serait decedé sans hoir procréé de son corps, nous nous serions saisi et emparé d'iceluy marquisat, contez, pays, terres et seigneuries de Carmagnolles et autres biens que possédait notredit cousin ledit feu marquis, et le tout aurions mis en nos mains et obeissance comme tenus et mouvans de nous à cause de nostre pays de Dauphiné à nous advenus et écheus à faute d'homme.* Mais par suite de la mort du marquis de Saluces, les droits assignés sur ses domaines allaient s'ouvrir au profit de la marquise; le roi crut utile à ses vues de les en purger : *Et pour ce que nous désirons tenir et garder lesd. marquisat, terres et seigneuries desusdits pour le renfort et conservation de nostre pays de Piémont qui est prochain et contigu, voulons aussi iceux estre déchargez desdits dot et douaire de nostre dite cousine, montans ensemble la somme de huit mil cinq cens livres tournois, et deuement recompenser et assigner ailleurs tant du dot que douaire nostre dite cousine.* En conséquence, on chercha un autre domaine qui fût en la main du roy et qu'on pût abandonner à Magdeleine d'Annebaut : on choisit la vicomté de Pontautou et Pontaudemer au lieu du comté de Ravel pour garantir la dot, et la terre de Beaugency en Auge au lieu des marquisat de Saluces et comté de Carmagnole, affectés au douaire. La substitution fut

(1) Extrait des Lettres patentes d'avril 1550, en faveur de Magdeleine d'Annebaut, V. *Appendice.*

l'objet des Lettres patentes données à Paris au mois d'avril 1550, auxquelles nous avons déjà emprunté les extraits précédents.

Des officiers de la Chambre des Comptes de Paris avaient été commis, dès l'année 1548, pour faire l'évaluation de la consistance de la Vicomté ; on avait trouvé que le revenu moyen des dix dernières années, sans y comprendre le produit de la forêt de Brothonne, mais en y comprenant celui de la forêt de Montfort-sur-Rille, s'élevait à 2,294 livres, 4 deniers : la dot de 50,000 livres ne représentait qu'un revenu de 2,500 livres, l'écart était d'environ 500 livres de revenu. La substitution n'en fut pas moins reconnue équitable, parce que, disent les Lettres, l'autre domaine, celui de Beaugency-en-Auge, se trouve ne pas produire tout à fait les 6,000 livres, chiffre du douaire, et aussi, ajoutait le roi, *pour considération que à nostre vicomté n'y a maison ne demeure à nous appartenans* (1) *pour y loger nostredile cousine comme elle eust eu et aurait audit marquisat à cause de son dit dot des villes et chasteaux dudit Ravel, et aussi pour et au lieu des dons gratuits qu'elle eust pu recevoir de ses subjets audit pays ainsi qu'ils ont accoustumé faire.*

(1) Le château de Pontaudemer avait été démoli par ordre de Charles V : » Mandement daté de Beauté-sur-Marne, 14 juillet 1378, aux baillis de Rouen et d'Evreux, pour faire démolir les châteaux et forteresses de *Pontaudemer*, Orbec, Breteuil, Mortaing, Avranches et Gavray ». L. Delisle, *Mandements de Charles V*, p. 865. — Nous trouvons, à la date du 6 août 1763, une vente par *les Commissaires généraux députés pour les ventes et aliénations des domaines du roi*, à Pierre Denize, greffier secrétaire de l'Hôtel-de-Ville de Pontaudemer, moyennant 60 l. de rente perpétuelle, de *l'emplacement du château, vulgairement appelé le château de Pontaudemer*, sis au village de Saint-Aignan, borné d'un côté par le chemin de Pontaudemer à la Lorée. Pierre Denize exposait dans sa requête que son but était de tailler des caves dans le roc dominant la ville et sur lequel était assis autrefois le vieux château, et ce, dans l'intérêt même des habitants de Pontaudemer, dont la ville entourée de rivières se trouvait toute dépourvue de caves à conserver le vin (*Arch. Nat.*, carton Q¹ 191).

En cédant la vicomté de Pontaudemer, le roi attribuait à la marquise de Saluces les droits les plus étendus; il voulait qu'elle pût en jouir en toute *haute justice, moyenne et basse, hommes, hommages, fiefs, arrière-fiefs, chasteaux, maisons, manoirs, cens, dixmes, ... terres, prez, forests, ... garennes, vignes, rivières, estangs, ... fours, moulins, lots, ventes, ... amendes, forfaitures, aubénages,* etc., etc.; elle nommerait à tous offices ordinaires et domaniaux de la vicomté, sauf aux officiers ainsi nommés à obtenir du roi des lettres de provision; elle aurait le droit de pourvoir et présenter à tous les bénéfices et dignités ecclésiastiques. Le Roi ne se réservait que deux choses : au point de vue féodal, *les foy et hommage, ressort et souveraineté;* au point de vue administratif, l'un des offices de la vicomté, le principal, celui qui lui permettait d'avoir la haute main sur toutes les affaires administratives ou judiciaires, celui de vicomte de Pontaudemer, *duquel,* disait-il, *nous avons retenu et retenons à nous la pleine et entière disposition.*

Mais, malgré toutes leurs énumérations et leur prolixité, les Lettres patentes laissaient dans l'ombre un point capital : la Vicomté de Pontautou et Pontaudemer passait-elle aux mains de la marquise de Saluces en la qualité de domaine échangé ou en celle de domaine engagé? Ce sera l'objet des procès futurs. Les Lettres contenaient seulement cette clause que Madeleine d'Annebaut conserverait la vicomté *jusqu'au rachapt et entier remboursement de ladite somme de cinquante mil livres, lequel rachapt nous et nos hoirs et successeurs pourrons faire, quant bon nous semblera, en payant et remboursant actuellement et par effect ladite somme de cinquante mil livres pour une fois.*

Réserver la faculté de rachat perpétuel, c'était peut-être employer une formule propre aux engagements du domaine de la couronne ; mais dans la pensée des parties on faisait un échange. On le proclamera dans la suite plus d'une fois.

Le Parlement de Paris, appelé à enregistrer les Lettres patentes, en fournit un premier témoignage. Son arrêt réserve, en effet, à Madeleine d'Annebaut, et par addition aux lettres royales, *ses droits d'action et rétention au cas que le Roy vuide ses mai : du marquisat de Saluces, comtés de Ravel et de Carmagnolles, et veuille rentrer ès terres qu'il baille à icelle dame Magdeleine pour iceux dot et douaire*, tant il est vrai qu'un domaine tenait la place de l'autre (1). La même énonciation ne se retrouve pas dans l'arrêt d'enregistrement du Parlement de Rouen (2). Mais les deux Cours se rencontrèrent pour affirmer le droit de rachat perpétuel : *Le Roy*, dit le Parlement de Rouen, *pourra rachepter ladite vicomté de Pontaudemer en payant dedans troys ans la somme de cinquante mil livres tournois à trois paiements ou à une seule foys, et, lesdits trois ans passés, à faculté de rachapt perpétuel en payant ladite somme de cinquante mil livres en un seul paiement.* Les deux arrêts restreignirent aussi quelques-uns des droits de Madeleine d'Annebaut : ils lui enlevèrent les aubaines, les confiscations pour crimes de lèse-majesté divine ou humaine, les présentations aux bénéfices dans certains cas, tous droits qui *resteront au Roy comme à luy seul appartenant à cause de sa couronne et souveraineté* (3). Ils réduisirent enfin son douaire à un revenu de 4,000 livres en cas de secondes noces, hypothèse réalisée : Madeleine d'Annebaut épousa, vers 1555, Jacques de Silly, chevalier, comte de Rochefort (4).

(1) Arch. Nat., Q¹ 191 (30 avril 1550).

(2) Arch. Parl¹ de Rouen, 20 juin 1550. (Au Palais-de-Justice.)

(3) Quant à la Chambre des Comptes de Paris, son arrêt d'enregistrement est du 9 août 1550. (V. *infra*, p. 19.)

(4) On trouve leurs signatures, *A. de Silly*, et *M. d'Annebault*, et leurs cachets, au bas d'un acte sous seings privés conservé aux Archives de la Seine-Inférieure. (G. 3725.)

Malgré cette initiale *A,* le prénom Jacques est celui que lui donnent les Lettres Patentes d'avril 1556 *(infra)* et tous les historiens. (V. notamment le P. Anselme, *Grands Officiers*, VII, p. 178, et VIII, p. 172.)

Magdeleine d'Annebaut mourut en 1571 sans laisser de descendants. Sa succession fut recueillie par sa tante Anne d'Annebaut, mariée à Jean de Vieux-Pont, seigneur de Chailloué, et par les représentants de deux autres sœurs de l'Amiral, savoir, Jeanne Segrestain, femme de Nicolas Martel de Bacqueville et fille de Jeanne d'Annebaut, et les enfants de Marie d'Annebaut qui avait été mariée à Hélie de Saint-Germain (1).

La liquidation fut longue et laborieuse, souvent d'ailleurs entravée par le fisc, ainsi qu'on verra plus loin. M. Canel dit qu'elle ne fut terminée qu'en 1601. *(Essai sur l'arrondissement de Pontaudemer.)*

Cependant, en 1581, le possesseur unique de tous ces domaines semble être la dame de Bacqueville, Jeanne Segrestain, qualifiée marquise d'Annebaut (2), comtesse de Montfort, vicomtesse de Pontautou et Pontaudemer, baronne d'Aubigny. C'est elle qui se rend adjudicataire à cette date du notariat et garde-nottes de la Vicomté de Pontautou et Pontaudemer, et, un peu plus tard, moyennant 2,794 livres, 3 sols, 9 deniers, de *quelques terres vaines et vagues et bois abroutis, le long de la forêt de Monfort, vendus et fieffés à perpétuité,* au nom du roi, comme dépendances du petit domaine de l'Etat (3).

Voilà maintenant aliénés les domaines que Magdeleine d'Annebaut et la dame de Bacqueville devaient acquérir. Les détenteurs en jouirent-ils longtemps en paix ? Nullement. Le procès définitif n'éclatera que plus tard ; mais la guerre est déjà déclarée, menée

---

(1) L'amiral d'Annebaut, outre ses trois sœurs, les dames de Vieux-Pont, de Bacqueville et de Saint-Germain, avait un frère, Jacques, évêque de Lisieux, abbé du Bec, et cardinal, mort vers 1555 et inhumé dans l'église d'Appeville-Annebaut.

(2) Par anticipation, sans doute : l'érection en marquisat ne date que de 1643.

(3) Extrait de l'arrêt du Conseil du 12 juillet 1636, *ci-dessous.*

seulement par les agents du fisc que le Roi ne parvient qu'à grand'peine à écarter, jusqu'au jour où lui-même ou son ministre viendront ordonner la dépossession.

Domaines engagés et domaines échangés : définitions

De tout temps le domaine de la couronne, du Roi ou de l'Etat, ce qui autrefois était la même chose, fut considéré comme inaliénable, mais de tout temps aussi on l'aliéna. Les guerres, les besoins du Trésor, la faiblesse et parfois aussi la prodigalité des rois, furent autant de causes qui firent trop souvent déroger au principe. On cédait à des particuliers, à titre gratuit ou à titre onéreux, des portions du domaine. Souvent on stipulait une clause de rachat, soit temporaire, soit perpétuel : c'était *l'engagement ;* celui-ci consistait donc simplement dans une vente avec pacte de rachat ou de réméré.

Au mois de février 1566 fut publié le fameux édit de Moulins, qui, en proclamant une dernière fois l'inaliénabilité du domaine de la couronne, en a fixé les règles, et a interdit à l'avenir les aliénations autrement qu'avec faculté de rachat perpétuel.

Il en résulta que suivant qu'un domaine avait été aliéné par le Roi avant ou après l'édit de Moulins il était présumé libre ou grevé de la faculté de rachat perpétuel. L'aliénation était-elle antérieure à l'édit : pour que le roi pût exercer le réméré il fallait qu'il s'en fût réservé le droit dans l'acte de concession et qu'il en rapportât la preuve. Était-elle postérieure : le droit de rachat se présumait alors et c'était au contraire au détenteur à démontrer le caractère définitif et incommutable de sa possession.

Les dépendances du *petit domaine,* par opposition au *grand domaine,* telles que les terres vaines et vagues, landes, marais, etc., continuèrent comme par le passé à pouvoir être aliénées d'une manière irrévocable, et ce à raison de leur faible importance (1).

Enfin, le domaine de la couronne servait parfois à réaliser des échanges. Dans ce cas, le *domaine échangé* prenait la place du domaine acquis, et, à quelque époque que ce fût, il ne se trouva grevé en pareille hypothèse d'un droit de rachat. Seulement, alors, l'opération était entourée de précautions particulières, telles que des évaluations par des commissaires nommés spécialement.

On se rappellera que la Prévôté de Montfort avait été adjugée en 1545 et que le contrat est perdu; que la Vicomté de Pontaudemer fut cédée en 1550; que le Roi se réserva dans les Lettres Patentes du mois d'avril le droit de rachat perpétuel, quoiqu'il ne se fût pas agi d'une vente mais d'un échange et qu'on eût procédé suivant les formes propres aux échanges; enfin, que l'acquisition faite par Jeanne Segrestain, dame de Bacqueville, ne portait que sur des terres vaines et vagues et bois abrouas.

A une époque où l'Etat n'avait pas encore appris à pratiquer le système des emprunts, qui depuis..., les engagements du domaine en tenaient lieu. Seulement ils étaient plus avantageux au Trésor : ils lui profitaient sans l'endetter. Le Roi engageait un domaine et stipulait une clause de rachat perpétuel, l'opération était deux fois heureuse : d'abord on se procurait de l'argent, et puis, plus tard, lorsque par l'effet de la dépréciation progressive de la monnaie, la mise en culture ou les progrès de l'exploitation, le domaine se trouvait valoir beaucoup plus cher que le prix moyennant lequel il avait été engagé, on procédait au remboursement pur et simple de la somme autrefois encaissée et l'on rentrait en possession. On pouvait alors recommencer un nouvel

(1) Cela résulte d'un édit complémentaire, en date aussi de février 1566, à Moulins.

engagement, pour une somme supérieure cette fois, et le Trésor bénéficiait de la différence.

Ce système fut souvent employé, surtout aux XVIIe et XVIIIe siècles ; on nommait des Commissaires généraux *pour la réunion et revente* du domaine, ou bien on affermait l'opération à des traitants. La Vicomté de Pontautou et Pontaudemer eut maintes fois à se défendre de ces Commissaires.

Premières luttes des agents du Domaine contre les propriétaires de Pontaudemer ; Lettres patentes du 25 avril 1556, id. de décembre 1597. — Lettres patentes de confirmation du 3 décembre 1601. — Edit de 1619 ; arrêt du 16 février 1623 reconnaissant la qualité des échangistes ; arrêt des Commissaires députés ordonnant la revente de la Vicomté de Pontaudemer, du 18 avril 1630 ; transaction et arrêt du Conseil d'Etat du 12 juillet 1636 ; quittance de 200,000 livres.

Le premier trouble date des premières années de la jouissance de Madeleine d'Annebaut : il y fut mis fin par des Lettres Patentes du 29 avril 1556, octroyées en faveur de « *nostre amé et féal gentilhomme ordinaire de notre chambre Jaques de Silly, chevalier, seigneur et baron de Rochefort et nostre amée cousine Magdelaine d'Annebault sa femme.* » Le Procureur du Roi à Pontaudemer et autres officiers « *se sont efforcés et s'efforcent chacun jour,* » dit Henri II, « *de les troubler et empescher en la joyssance d'iceux domaines ;* » on ne voulait pas alors les laisser jouir de la forêt de Montfort. Mais le Roi ordonne qu'il soit mis fin à ces entreprises et « *que lesdits de Silly et d'Annebault joyssent par leurs mains ou de leurs receveurs, procureurs ou commis desd. vicomté... selon qu'il est contenu auxdites lettres de cession, transport, délaissement et assignation »* du mois d'avril 1550 (1).

Nouvelle contestation en 1559 : à la suite de l'édit de François II du 18 août de cette année, portant réunion générale à la couronne de tous les domaines vendus et révocation des dons et aliénations du domaine engagé, il y eut saisie de la Vicomté de Pontaudemer, à la requête du Procureur général au Parlement de de Paris ; un arrêt de cette Cour du 8 février 1560 accorda la main-levée (2).

En 1597, les Commissaires députés pour la vente, en exécution d'un édit du mois de mai de cette année, des offices de notaires, tabellions, garde-nottes royaux, mirent en vente les tabellionnages de la Vicomté. La même année, les officiers de la Table de Marbre à Rouen voulurent s'opposer au droit de Jeanne de Secrestain, dame de Pontaudemer, de « faire la coupe et abattage des bailiveaux de la forrest de Montfort. » On voulut aussi l'empêcher de « faire percevoir à son profit les amandes, forfaictures, confiscations » échues à la Vicomté. Il fallut recourir au roi, et Henri IV, par des Lettres données à Saint-Germain-en-Laye au mois de décembre 1597, déclara « que ladite de « Secrestain ne possédait ladite vicomté du Pontautou et Pontau-« demer par *engagement, douaire ne usufruit,* ains en estoit pro-« priétaire *patrimonial et incommutable en contr'échange* de la « comté de Ravel; » en conséquence il interdit la vente des tabellionages, etc. (3)

On voit que les possesseurs de Pontaudemer avaient fort à faire pour se défendre des officiers royaux, plus préoccupés que le roi lui-même de la conservation du domaine de la couronne.

(1) Blois, 29 avril 1556. *Arch. Nat.,* X¹ᴬ 8620, f° 295.
(2) V. *infra,* Jugement des Commissaires généraux du 18 avril 1630.
(3) Extrait des Lettres patentes du 3 décembre 1601, *infra.*

Mais, comme Henri II, Henri IV voulait qu'on exécutât loyalement un contrat fait de bonne foi et ayant le caractère d'un échange.

Un événement d'ordre purement politique vint un peu plus tard créer de nouvelles inquiétudes. En 1589, en effet, à la faveur des guerres de la Ligue, le duc de Savoie, Charles-Emmanuel, s'était emparé du marquisat de Saluces, possédé par la France depuis soixante ans environ. Or, en enregistrant les Lettres Patentes de 1550, la Chambre des Comptes avait inscrit dans son arrêt cette restriction, que Magdelaine d'Annebaut « *ne pourrait se saisir, posséder et s'ensaisiner en toute propriété de ladite vicomté de Pontautou et Pontaudemer, pour en jouir, elle, ses hoirs successeurs et ayant cause, comme d'un bien dotal et patrimonial en* contr'échange *de la comté de Ravel et en faire siens les revenus que* tant et si longuement *que ledit seigneur Roi et ses successeurs joyraient de ladite comté* (1). »* D'autre part, Henri IV, après une expédition en Savoie, s'était emparé de la ville de Bourg et de toute la Bresse. Le 17 janvier 1601 fut signé entre les deux souverains le traité de Lyon (2), aux termes duquel le duc de Savoie gardait le marquisat de Saluces, mais en échange Henri IV conserva ses conquêtes, Bourg, la Bresse, le Bugey, le Valromey et le pays de Gex : annexion qui fut en définitive l'heureux résultat pour la France du contrat de mariage de Magdeleine d'Annebaut et de l'échange de 1550.

Ainsi, le Roi ne jouissait plus de la comté de Ravel : la prudence commandait donc aux propriétaires de la Vicomté de prendre les devants. Marie de Grillet, veuve de Gaspard d'Ar-

_____

(1) Nous n'avons pu retrouver aucune copie de cet arrêt d'enregistr. de la Chambre des Comptes. On sait que ses Archives ont été incendiées au xviiiᵉ siècle. L'extrait ci-dessus est rapporté par les Lettres du 3 décembre 1601, *infra*.

(2) Isambert, *Anciennes lois franç.*, t. XV, p. 246.

cona, tutrice de leurs enfants, au nom de ceux-ci, et Charlotte de Vieux-Pont, femme de Bernard Potier de Blérancourt, comme uniques représentants de Jeanne Segrestain, nièce et héritière de Magdeleine d'Annebaut, présentèrent au Roi une requête qui est ainsi résumée dans les Lettres Patentes qui y ont répondu, à la date du 3 décembre 1601 (1) : « *Que sous prétexte que le marquisat est sorti de nos mains... le mérite de l'employ et assiette du dot de ladite d'Annebaut en la comté de Ravel et le remploy et réassiette d'iceluy en la vicomté de Pontaudemer semble ne plus être en telle considération qu'il devrait, et pourrait par la longueur des temps encore plus s'abolir..., et pour que leurs droits et actions (des requérants) ne soient par aucuns nos officiers retardés et rendus douteux tant sous couleur de l'enregistrement de nosdits Gens des Comptes, que sous prétexte d'option par nous laissée pour le bien de paix au duc de Savoie ou de nous rendre et restituer ledit marquisat de Saluces ou de nous céder et délivrer en récompense d'icelui tout le pays de Bresse et autres lieux désignez, Pourquoi nous ont très-humblement requis que notre plaisir soit de les garder maintenir et conserver en la pleine et entière propriété, possession et jouissance de ladite vicomté de Pontaudemer, pour par eux, leurs hoirs, successeurs et ayans cause en jouir et la posséder comme bien patrimonial hérédital à eulx propriétairement et incommutablement appartenant en contr'échange de la comté de Ravel, et de leur impartir lettres déclaratives de nos vouloirs et intentions pour cas advenant que, pour raison d'Etat, nous et nos successeurs seront nécessités de nous ressaisir de ladite vicomté, les maintenir et conserver aussy en tous leurs droits... et généralement tout ce qu'ils peuvent prétendre par les lois, pactions et conditions de l'échange, ou sur le marquisat de Saluces, en cas qu'il nous soit restitué, ou sur les pays de Bresse, en cas qu'ils nous soient délivrés en récompense, pour dans l'un desdits cas être pareillement ressaisis ou*

---

(1) *Arch. Nat.*, carton Q¹ 191.

de la Comté de Ravel, ou d'autres terres et seigneuries au pays de Bresse et de même valeur et dignité... » etc.

Ainsi, la jouissance de Pontaudemer avait été subordonnée à la possession par le roi de France du marquisat de Saluces : on demandait au roi dépossédé de reconnaître l'échange autrefois convenu et de promettre que, s'il reprenait Pontaudemer, il rendrait le marquisat ou les terres qui en tiendraient lieu dans ses mains.

La situation fut réglée à la satisfaction des requérants par les lettres royales, dont voici les dispositions : « *Avons dit, déclaré et ordonné et par ces présentes signées de nostre main, disons, déclarons et ordonnons que lesdits d'Arcona et de Blérancourt soient ores et à l'avenir, gardés, maintenus et conservés en pleine propriété, possession et jouissance de la vicomté de Pontautou Pontaudemer, circonstances et dépendances, sans en rien réserver, retenir ni excepter que nos ventes de Brotonne et l'office de vicomte, pour par eux, leurs hoirs, successeurs et ayans cause en jouir et la posséder comme bien* HÉRÉDITAL *et* PATRIMONIAL, *à eux* PROPRIÉTAIREMENT *et* INCOMMUTABLEMENT *appartenant en* CONTR'ÉCHANGE *de ladite comté de Ravel ; commandons et nous plaît que, en cas que pour raison d'Etat, nous et nos successeurs serions nécessités à nous ressaisir de ladite vicomté de Pontaudemer, nous et nos successeurs ne pourrons le faire sans que lesdits d'Arcona et de Blérancourt, leurs hoirs, successeurs et ayans cause, au cas que le marquisat de Saluces nous soit rendu et restitué, ne soient aussitôt ressaisis de la comté de Ravel et terres dudit marquisat y réunies, pour en jouir sous notre ressort et souveraineté en toute propriété et comme en avait joui Magdelaine d'Annebaut, ou le cas advenant que ledit pays de Bresse nous serait livré et cédé en récompense dudit marquisat, sans qu'ils soient auxdits pays ressaisis d'autres terres et seigneuries de même valeur et dignité que lesdits comté et vicomté ; avons déclaré, entendu et voulu, déclarons, entendons et voulons, que ledit cas arrivant évaluation sera faite à nos frais tant*

*dès revenus, fruits et proffits de la vicomté du Pontautou et Pontau-
demer, que des revenus fruicts et profits des terres et seigneuries dudit
pays de Bresse et autres lieux désignez, lesquelles terres seigneuries
ainsy à eulx baillés et transportés demeureront en leurs mains de
même nature et qualité que la comté de Ravel, premier emploi du
dot de ladite Magdeleine d'Annebault. Et que la baillée, cession et
transport en sera faite en* CONTR'ÉCHANGE *de la vicomté de Pontau-
tou-Pontaudemer,* VALUE A VALUE, FIEFS POUR FIEFS, JUSTICES POUR
JUSTICES, TERRES POUR TERRES, REVENUS POUR REVENUS, FRUITS
POUR FRUITS, OFFICES POUR OFFICES ET DROITS POUR DROITS. »

Ainsi, voilà qui est formellement dit. Henri IV, derechef, proclame loyalement la nature d'échange du contrat de 1550; il
n'oublie pas que la Chambre des Comptes a voulu que le Roi pût
se ressaisir de Pontaudemer s'il venait à perdre le comté de Ravel,
qui en tient lieu; aussi, en même temps qu'il promet aux échangistes une possession incommutable et paisible, ajoute-t-il que,
si Pontaudemer vient pour raison d'Etat à leur être repris, ils
seront aussitôt récompensés, non par un remboursement, mais
par la restitution de Ravel, et, si elle est impossible, par la cession
de terres au pays de Bresse, *value à value, fief pour fief.*

Un nouveau conflit s'éleva pourtant bientôt. La cause en fut
l'édit de Louis XIII, de mars 1619, portant *que les terres et biens
dépendans du domaine de la couronne, qui ont été aliénés avec clause
de perpétuité* (de rachat perpétuel), *seront rachetés et remis en
vente* (1).

L'édit fit grand bruit. Le Parlement de Rouen en refusa l'enregistrement à plusieurs reprises. Enfin, prenant acte des déclarations passées par le Roi dans des lettres de jussion, il consentit à
l'enregistrement, mais à la charge que, suivant lesdites lettres,

______

(1) Isambert, t. XVI, p. 126; enregistré à la Ch. des Comptes de Paris, en
avril.

« les greffes et tabellionnages, *terres et seigneuries baillées en
« échange*, et les menues fieffes des terres *stériles, vaynes et vagues,
« proches des forêts,* » seraient exceptés de l'effet de l'édit(1).

Certes la vicomté de Pontautou et Pontaudemer semblait bien
devoir profiter de l'exception; cependant les poursuites commen-
cèrent comme s'il se fût agi d'un simple domaine engagé. La
marquise de Blérancourt(2), alors propriétaire du domaine,
recourut au Roi en son Conseil d'Etat. Elle en obtint, le 16 février 1623, un arrêt dans lequel on lit ce qui suit : « *De l'avis de
notre Conseil avons révoqué et révoquons toutes les procédures faites
à l'encontre de l'exposante par les sieurs Commissaires députés pour
l'exécution de notre édit du mois d'avril 1619 ; leur faisons défense de
troubler et empêcher ladite exposante en sa jouissance de la vicomté de
Pontautou et Pontaudemer, appartenances et dépendances, contenues
auxdites* LETTRES D'ÉCHANGE, *comme étant ladite vicomté comprise
en l'exception des terres* ÉCHANGÉES (3). »

Les Commissaires devaient s'arrêter, semble-t-il. Mais la juris-
prudence des tribunaux administratifs a de tout temps offert à
l'autorité des ressources inexplicables au vulgaire. Il paraît que
l'arrêt rendu par le Roi en son Conseil d'Etat n'était pas obliga-
toire pour tout le monde. On n'en tint pas compte. Le sieur
Jacques Garnier, qui avait affermé le rachat et la revente des
domaines de la couronne en Normandie, continua sa procédure :
il trouva auprès des Commissaires généraux députés des juges

(1) Arrêt du Parlt de Rouen du 21 juin 1621. (*Arch. du Palais-de-Justice*).

(2) Charlotte de Vieux-Pont était la cousine germaine de Magdelaine d'Annebaut ; elle épousa Bernard Potier, chevalier, marquis de Blérancourt, baron
d'Annebaut, conseiller du roi en son Conseil d'Etat, gouverneur de Péronne,
Montdidier et Roye, et lieutenant général pour Sa Majesté audit gouvernement
et aux baillages de Rouen et Caen.

(3) Cet extrait est emprunté à un mémoire signé par le jurisconsulte Chauveau-
Adolphe, et produit devant le Conseil d'Etat en 1832 ; nous n'avons pu retrouver
le document original.

toujours favorables. Ils rendirent le 6 septembre 1627 une première sentence qui enjoignait au marquis et à la marquise de Blérancourt « *d'apporter dans le délai d'un mois, au greffe de leur Commission, tous les contrats, quittances de finances et autres actes en vertu desquels ils jouissaient de leur domaine, et de recevoir dans ledit temps le remboursement de la finance qu'ils justifieraient avoir esté payée aux coffres du Roy pour raison de ce, afin d'être réuny au domaine de S. M. et revendu à faculté de rachat perpétuel, suivant le traité dudit Garnier* (1). »

Les époux de Blérancourt formèrent opposition. Ils représentèrent que les lettres de 1550 avaient réalisé un échange et non un engagement, que cela résultait de leur esprit et des circonstances, que le comté de Ravel était affecté du caractère de dotalité et par suite frappé d'inaliénabilité, qu'il fallait bien que la vicomté de Pontaudemer, qui en avait pris la place, fût soumise au même régime, qu'inaliénable dans leurs mains, elle ne pouvait pas s'y trouver à titre d'engagement ; que *l'échange* avait été reconnu et proclamé par des Lettres Patentes de Henri II, en 1556, de Henri IV, en 1597, du même roi, en 1601, par les arrêts du Parlement de Paris et du Conseil du Roi de 1560 et de 1623. Ce fut peine perdue. Les Commissaires lurent dans les Lettres originaires d'avril 1550 que le Roi s'était réservé pour lui et ses successeurs et à toujours le droit de rachat en remboursant les 50,000 livres de dot ; ils ne virent pas que cette clause allait à l'encontre de tout le texte des mêmes Lettres et de la pensée qui les avait inspirées, que des déclarations royales et des arrêts de justice avaient souverainement rétabli la vérité, que la vraie interprétation de ces Lettres était celle qu'avait donnée le roi Henri IV : droit de réunion de la Vicomté à la couronne réservé

____

(1) Extrait du jugement des Commissaires du 18 avril 1630, ci-dessous, *Arch. Nat.*, Q¹ 191.

sans doute, mais à la condition de remplacer fief pour fief. Les Commissaires rendirent leur décision le 18 avril 1630 : ils ordonnèrent que, « *sans avoir esgard aux requestes desdits sieur et dame de Blérancourt, ladite vicomté de Pontautou et Pontaudemer serait mise aux affiches pour estre publiée, vendue et adjugée au plus offrant et dernier enchérisseur à l'extinction des chandelles en la manière accoustumée, à la charge néantmoings qu'ils seront remboursés par l'adjudicataire de ladite somme de 50.000 livres à ung seul paiement et de leurs frais et loyaux coustz, le tout suivant la liquidation qui en sera faite, sans préjudice des améliorations utilles et nécessaires prétendues faictes èsdits lieux, pour raison de quoy ils se pourvoiront au Conseil pour leur estre fait droict ainsy qu'il appartiendra, et moyennant ce lesdits sieur et dame de Blérancourt seront tenus de quitter et délaisser la jouissance de ladite vicomté de Pontautou et Pontaudemer et fournir et délivrer à l'adjudicataire les tiltres et papiers qu'ils ont concernant icelle (1).* »*

Il fallait s'exécuter, on chercha à gagner du temps. La marquise de Blérancourt demanda un délai, alléguant que son mari était « absent et employé pour le service du Roy en la ville de Péronne, place frontière de Picardie, et par ce moyen ne pouvait venir pour remontrer les raisons qui appèrent de ses titres ». Par sentence du 16 avril 1635, les Commissaires généraux accordèrent six semaines pendant lesquelles il serait sursis aux publications et enchères (2).

On négocia; une transaction intervint entre la couronne et les époux de Blérancourt. En somme, il fallait de l'argent au Trésor, on lui en offrit.

La transaction fut réalisée dans la forme d'un arrêt du Conseil d'Etat en date du 12 juillet 1636 (3). L'arrêt relate d'abord la

---

(1) *Arch. Nat.*, Q¹ 191. Original, signé, *Spifame, Duret, J.-J. de Mesmes.*
(2) *Arch. Nat.*, Q¹ 191.
(3) *Arch. Nat.*, Q¹ 191.

requête des possesseurs de Pontaudemer : ils exposaient que *la vicomté était un domaine échangé,* que cependant, *au mépris du droit,* on allait le mettre en vente, que, si l'on voulait passer outre, on se trouverait obligé de les rembourser non seulement des 50,000 livres de la dot, mais encore de nombreuses « *dépenses faites pour refection de bastiments, constructions de halles, geolles et prisons qu'ils ont été contraints de faire faire suivant les jugements des officiers des lieux à la réquisition des procureurs de S. M., comme aussy de notables sommes financées aux coffres de S. M. par les prédécesseurs de ladite dame d'Annebaut et par lesdits suppliants, tant pour l'acquisition de la Prévosté de Montfort, membre dépendant de la vicomté, terres vaines et vagues, tabellionnages et notariats, hérédité des offices d'enquesteurs commissaires examinateurs, procureurs postulants ;* » (1) et en conséquence ils demandaient à être maintenus en possession de ces divers domaines, « *aux offres qu'ils font,* SANS PRÉJUDICIER A LEURS DROITS, DE PAYER PAR FORME DE SUPPLÉMENT D'ENGAGEMENT, *la somme de deux cens mille livres, à la condition qu'ils ne pourront à l'advenir estre dépossédés des choses susdites sinon pour estre réunies au domaine de la couronne.* » La requête est adoptée par l'arrêt; il vise le contrat de mariage de 1541, les Lettres Patentes « EN FORME D'ÉCHANGE *du comté de Ravel avec ladite vicomté du Pontaudemer* » d'avril 1550, l'adjudication de la Prévôté de Montfort en 1545, celle des terres vaines et vagues, et les nombreuses quittances des sommes financées par les détenteurs, et il décide « qu'en payant par les suppliants

---

(1) On énumère pour 28,000 livres environ de dépenses faites ; les suivantes ne sont pas sans intérêt : « Quittances de finances de la vente et adjudication du notariat et garde-nottes de la vicomté de Pontautou et Ponteaudemer du 21° juin 1581 pour la somme de 437 escus, 51 solz, faicte à la dame de Bacqueville ;

» Bail et adjudication au rabais fait pardevant le Lieutenant général dudit

« ladite somme de deux cens mille livres par forme de *supplé-*
« *ment d'engagement* de ladite vicomté, terre et seigneurie de
« Pontaudemer, autres domaines et acquisitions ci-dessus spéci-
« fiées, ils demeureront déchargés de toutes enchères faites sur
« icelles en exécution dudit édit du mois d'avril 1619, arrêts et
« jugements donnés en conséquence. »

On croyait avoir tout sauvé ; à dire vrai on avait été au plus
pressé : on ne serait pas dépossédé. Mais on n'avait pas pris garde
que les termes de la requête et l'arrêt pouvaient tout compro-
mettre dans l'avenir. On avait bien dit qu'on était *échangiste*
et qu'on allait être dépossédé au *mépris du droit* ; l'arrêt visait
bien les lettres de 1550 en les qualifiant de lettres en *forme
d'échange* ; mais la somme que l'on offrait payer, on l'appelait un
supplément d'engagement, et l'arrêt s'appropriait aussitôt l'expression. La Prévôté de Montfort, malgré son origine distincte, on
semblait désormais en associer le sort à celui de la vicomté de

Ponteaudemer du bastiment et construction de la halle au bled de lad. ville du
28ᵉ avril 1614, adjugés à Pierre Delamarre moyennant 6.000 livres tournois ;

» Bail au rabais des bastimens et construction des halles à la chair, aux tan-
neurs, que aux tours maisons de la geolle de lad. ville, fait pardevant ledit
Lieutenant général instance dudit Procureur du Roy, le 27ᵉ octobre 1614,
adjugé à Simon Toustain à 7.000 livres ;

» Bail et adjudication au rabais des reffections et bastimens faicts en la grande
halle dudict Ponteaudemer par devant ledit Lieutenant général le..... et
adjugées à Jacques Soulage à la somme de 5.200 livres ;

» Deux quittances de la finance payée pour l'hérédité desdits offices d'enques-
teur et commissaire examinateur au siége dudit Ponteaudemer, montant à la
somme de 1.320 livres, du 16ᵉ avril 1629 ;

» Dix quittances de finance paiées par lesdits sieur et dame de Blérancourt
pour l'hérédité des offices de procureurs postulans au siége dudit Ponteaudemer,
montant ensemble à la somme de 1.100 livres, du 18ᵉ septembre 1630 ;

» Quittances de finance et marc d'or de deux offices de Procureur audit siége
montant à la somme de 514 livres, du 18ᵉ septembre 1630. »

Pontaudemer. Enfin, les terres vaines et vagues, acquisition incommutable, non entachée d'engagement aux termes mêmes de l'édit de février 1566, incorporées aux autres domaines, semblaient perdre leur caractère légal pour se soumettre, elles aussi, à un supplément d'engagement. Avec cet arrêt de 1636, on dira plus tard aux propriétaires qu'ils sont des engagistes.

Il est vrai que l'arrêt dispose qu'ils ne pourront plus être *dépossédés à l'avenir, soit par revente ou autrement, sinon pour estre réuny au domaine de la Couronne,* auquel cas ils seront remboursez *conjointement et en un seul paiement* tant de la dot et des deux cens mille livres que « *des autres sommes mentionnées par les contracts* et quittances des finances *des autres parts et portions dudit domaine cy-dessus spécifiées, ensemble des sommes payées pour offices et constructions et réfections de batiments* ». On verra ce qu'il advint en 1773 de ces belles promesses.

Les 200,000 livres furent très exactement payées le 4 août de la même année 1636, ainsi qu'il résulte de la quittance de Gaspard de Fieubet, conseiller du roi en ses Conseils, Trésorier de son épargne (1).

Le marquis de Blérancourt put enfin jouir en paix de ses domaines. Suivant lettres patentes données à Saint-Germain, au mois de février 1643, il obtint l'érection en marquisat de la baronnie d'Annebaut (2).

Les actives recherches de Colbert pour la réunion des domaines engagés (édit d'avril 1667) épargnèrent Pontaudemer. La lutte ne devait recommencer que cent ans plus tard. Dans l'intervalle, toutefois, les propriétaires eurent encore plus d'une atteinte à subir. C'est ainsi qu'en 1649 le marquis de Blérancourt dut réclamer devant le Conseil d'Etat son droit de nomination aux

(1) *Arch. Nat.,* Q¹ 191.
(2) Arch. de la Seine-Inf., *Ch. des Comptes,* 1644.

offices de la vicomté qui pouvait être compromis par un édit du mois de mars 1648 ; on se rappelle qu'en 1550 Henri II ne s'était réservé que celui de vicomte. Le droit fut reconnu par arrêt du 28 août 1649 (1). De même, en 1677, à l'occasion de la suppression des tabellionages de la province et de la création de nouveaux offices de notaires, il fallut résister au traitant qui prétendait adjuger les nouvelles charges à Pontaudemer : le Conseil d'Etat consacra encore une fois le droit des propriétaires de la vicomté de disposer des offices (2).

On fut moins heureux en 1702. Pour se créer des ressources, le gouvernement démembra les justices royales et en détacha des portions sous forme de création de hautes justices : Guillaume Lenoir, qui avait traité de la vente de celles-ci, prétendit procéder à des adjudications à Pontaudemer. Une déclaration du 28 octobre 1702 (3) avait pourtant excepté les domaines engagés dont les engagistes possédaient le droit de nomination aux offices. Il fallut cette fois s'exécuter et payer un supplément (4).

Mais ce n'étaient là que des débats secondaires ; la lutte pour la propriété était suspendue. La vicomté de Pont-Audemer allait connaître d'ailleurs des vicissitudes d'un autre genre.

---

(1) *Arch. Nat.*, E, 235c. A noter ce passage de la requête du marquis de Blérancourt où il allègue qu'il a dû payer en 1644 et 1646, pour la décharge des charges locales et le sixième des finances de ces domaines, plus de 300,000 livres.

(2) Arrêt du Conseil, 1681, vanté par le jugement des Commissaires du 23 mai 1704, *infra. Arch. Nat.*, Q¹ 191.

(3) Recueil des Edits enregistrés au Parlement de Rouen depuis l'année 1700, in-4°, t. I.

(4) Sentence des commissaires généraux députés pour la vente et aliénation des justices, du 23 mai 1704. *Arch. Nat.*, Q¹ 191.

Les Potier, ducs de Gesvres et de Tresmes, possesseurs de Pontaudemer. — (3 août 1723) Adjudication des domaines d'Annebaut, Aubigny, etc., Pontaudemer et Montfort, au profit de Jean-Baptiste Julien Danican.

Charlotte de Vieux-Pont, dame de Blérancourt, marquise d'Annebaut, comtesse de Montfort, vicomtesse de Pontaudemer, ainsi qu'elle se qualifiait, était morte en 1645, sans postérité. Sa succession était obérée, son mari avait payé à ses créanciers des sommes importantes; par décision de justice, il fut subrogé dans leurs droits jusqu'à désintéressement.

Le marquis de Blérancourt mourut lui-même en 1662, transmettant ses droits à son frère, René Potier, duc de Gesvres et de Tresmes, Pair de France. Celui-ci décéda en 1670; il eut pour successeur son fils Léon Potier, duc de Gesvres, qui fut gouverneur de Paris en 1687 (1). Ce dernier mourut à son tour en 1704, laissant douze enfants : l'aîné, Bernard-François, duc de Tresmes, hérita de ses droits sur les domaines d'Annebaut et de Pontaudemer.

Mais les successions de Tresmes n'étaient pas moins embarrassées que la succession de Blérancourt; pour en faciliter les liquidations, les créanciers des deux patrimoines avaient été réunis. Après de nombreux incidents de procédure, tous les domaines furent enfin mis en vente à la requête des créanciers des deux classes, de Tresmes et de Blérancourt.

L'adjudicataire fut messire Jean-Baptiste Julien Danican, conseiller du Roi, seigneur de l'Amizouairne, Poudéac, Pinzé, Rohan et autres lieux, maître ordinaire en la Chambre des Comptes de Paris; il avait épousé Claude-Charlotte de Tilly de

(1) Il rendit aveu au Roi pour le marquisat d'Annebaut en 1686. (*Arch. de la Seine-Inf.*).

Blaru, qui se présentait d'ailleurs à la liquidation comme héritière de Charlotte de Vieux-Pont. La vente fut consentie moyennant le prix principal de 470,000 l. Le contrat (1), passé devant les notaires au Chastelet, le 3 août 1723, énumère et distingue les domaines adjugés, c'étaient :

« Premièrement, la terre, seigneurie, marquisat et baronnie
« d'Annebault avec la baronnie d'Aubigny et d'Annebault en
« Auge (2), leurs circonstances et dépendances, etc.

« Plus le domaine du Ponteautou et Ponteaudemer, aussi avec
« ses appartenances, circonstances et dépendances, sans en rien
« retenir ny réserver, suivant et conformément au contrat en
« forme d'échange du comté de Ravel, membre dépendant du
« marquisat de Saluces, etc.

« Plus et le domaine, prévosté de Montfort, avec ses apparte-
« nances, circonstances et dépendances, scituée près le marquisat
« d'Annebault, suivant l'adjudication du 13 février 1545, faite au
« profit de Nicolas Dubuisson, etc. »

L'acte porte que le marquisat d'Annebault relève du Roy à cause de son duché de Normandie ; quant aux autres domaines on les indique en termes généraux, et, sans désigner personne, comme faisant partie « de la mouvance ou censive des seigneurs ou dames dont ils relèvent et vers eux chargés des droits seigneuriaux et féodaux qu'ils peuvent devoir ». En fait, ces domaines relevaient du roi, et, en ce qui concerne Pontaudemer, au moins, Henri II s'en était réservé *les foy, hommage, ressort et souveraineté*. La vérité est qu'il n'en fut jamais passé et qu'on n'en connaît aucun aveu.

---

(1) *Arch. d'part. de l'Eure*, copie conforme.

(2) C'est de cette paroisse que les seigneurs d'Annebaut tiraient leur nom ; quand ils eurent acheté la seigneurie d'Appeville, près Montfort-sur-Risle, celle-ci devint Appeville-Annebaut.

Jean-Baptiste Danican, marquis d'Annebault, jouit en paix de ses domaines. En 1759, cependant, un débat fut soulevé par les officiers des maîtrises royales des eaux et forêts qui contestèrent encore une fois au possesseur de Ponteaudemer la jouissance de la forêt de Montfort, dépendance de sa vicomté. M. Danican d'Annebault réclama; on communiqua l'affaire à l'Inspecteur général du Domaine, à Paris. Les engagistes n'avaient pas le droit de disposer des arbres de haute futaie. Or, l'Inspecteur conclut que la vicomté de Ponteaudemer, comprenant la forêt de Montfort, était un domaine de la couronne possédé à titre d'engagement; c'était ressusciter le procès. Un arrêt du Conseil du roi du 25 décembre 1759 renvoya l'affaire à la grande Direction (1), et la communication du rapport à M. Danican. L'affaire en resta là.

La mort de J.-B. Danican d'Annebault arriva peu après, en 1762.

(1) On appelait ainsi l'une des subdivisions du Conseil royal des finances. — L'arrêt du Conseil du 25 décembre 1759 est vanté dans ceux des 9 février et 19 mai 1772, *V. infra.*

II.

(21 novembre 1766) Arrêt du Conseil du Roi ordonnant la revente de la seigneurie de Pontautou et Pontaudemer à titre d'engagement. — (3 août 1773) Arrêt du Conseil déclarant Pontaudemer domaine engagé et ordonnant la revente. — (19 septembre 1773) Arrêt du Conseil ordonnant la réunion à la Couronne. — Cession, par échange, de Ponteaudemer à Clément de Barville; annulation. — (12 juin 1774) Arrêt du Conseil liquidant les sommes dues aux engagistes. — (2 juillet 1776) Quittance du remboursement. — Pontaudemer était-il un domaine engagé?

Auguste-Michel-Etienne Danican, marquis d'Annebaut, et sa sœur, la dame Duparc de Barville, n'avaient pas encore partagé la succession de leur père, quand on apprit tout à coup que, le 21 novembre 1766, un arrêt de *propre mouvement* du Conseil du Roi a ordonné la revente et adjudication à titre d'engagement de la seigneurie de Pontautou et Pontaudemer (1). Un particulier avait fait l'offre de payer au Trésor 500 livres de rente avec le sou pour livre, en remboursant les anciens engagistes, pour devenir ainsi acquéreur de leurs domaines. L'offre avait été aussitôt agréée, et le Conseil du Roi en avait fait la base d'une mise à prix.

(1) *Arch. Nat.*, E. 2434.

34

Les nouveaux propriétaires de Pontaudemer attaquèrent aussitôt la décision. Leur opposition fut rejetée par arrêt du Conseil du Roi ou Conseil des finances du 13 août 1770, rendu au rapport de l'abbé Terray : la sentence décidait que les opposants étaient des *engagistes*, et, en conséquence, qu'il serait procédé, en la forme accoutumée, par les Commissaires généraux députés pour la revente des domaines à l'adjudication définitive de la terre et seigneurie de Pontautou et Pontaudemer, sur les offres portées à l'arrêt du 21 novembre 1766 (1).

Les héritiers Danican se souvinrent alors de cette procédure commencée devant le Conseil en la Grande-Direction et suspendue depuis 1759 ; ils s'opposèrent à l'exécution de l'arrêt du 13 août 1770, en soutenant que le Conseil des finances n'avait pu juger la question de domanialité, alors que la connaissance en avait été précédemment attribuée par un arrêt à la Grande-Direction. Le Ministre prit alors le parti d'enlever à celle-ci l'examen de l'affaire et de la faire juger de nouveau par le Conseil des finances (arrêt du Conseil du 9 février 1772) (2).

Sur ces entrefaites, le sieur Danican d'Annebaut décéda. Il ne laissait qu'un posthume, Auguste-Julien Danican d'Annebaut. Sans tarder, l'instance fut déclarée reprise contre la mère tutrice par arrêt du 19 mai 1772 (3).

Enfin, le 3 août 1773, la spoliation fut consacrée : nouvelle déclaration du caractère d'engagement, et nouvel ordre de revendre. L'arrêt s'exprime ainsi : « Ouï le rapport de l'abbé « Terray, conseiller ordinaire au Conseil royal, Contrôleur « général des finances, le Roy en son Conseil....., a déclaré et

---

(1) Nous n'avons pu retrouver l'original de cet arrêt, mais seulement une copie informe. (*Arch. Nat.*, carton Q¹ 191.) Il est d'ailleurs vanté dans les arrêts du Conseil des 9 février et 19 mai 1772, *infra*.

(2) *Arch. Nat.*, E. 2477.

(3) *Arch. Nat.*, Q¹ 191.

« déclare les vicomté, terres et seigneuries de Pontautou et
« Pontaudemer *faire partie du domaine de la couronne* et n'être
« possédées *qu'à titre d'engagement et à faculté de rachat perpétuel,*
« par les héritiers dudit Danican d'Annebaut. En conséquence,
« ordonne qu'il sera procédé à la revente desdites vicomté, terre
« et seigneurie, conformément à l'arrêt du Conseil du 13 août
« 1770 qui sera exécuté suivant sa forme et teneur...., » etc. (1).

Cet arrêt, au contraire, ne fut pas exécuté selon sa forme et
teneur : on ne procéda pas à la revente qu'il ordonnait. Se
souvint-on que les lettres d'avril 1550 et l'arrêt du 12 juillet 1636,
d'où l'on avait induit le caractère d'engagement, n'avaient réservé
au Roi le droit de rachat perpétuel que pour une seule cause, la
réunion au domaine de la couronne, sans que les détenteurs pussent
être dépossédés *soit par revente ou autrement ?* C'est peu probable ;
l'abbé Terray, au rapport duquel furent rendus ces arrêts, avait
d'autres desseins.

En effet, quelques semaines plus tard, le 19 septembre 1773,
fut rendu un nouvel arrêt, *de propre mouvement,* qui remplaçait
les précédents et dans lequel on lit ce qui suit :

« Le Roi s'étant fait représenter en son Conseil l'arrêt rendu
« en iceluy le 3 août dernier..... etc.,

« S. M., considérant qu'il est plus convenable à ses vues de
« *réunir à son domaine* lesdites vicomté, terres et seigneuries que
« d'en faire suivre la revente, elle aurait résolu d'en prononcer
« la réunion, en même tems que de la Prévôté de Montfort (2),
« que les héritiers du s^r Danican possèdent au même titre d'en-
« gagement, en les mettant à portée de faire procéder à la liqui-

---

« dation de leurs finances pour le remboursement leur en être
« par elle fait ;

« A quoy voulant pourvoir, ouy le rapport du sieur abbé
« Terray,

« Le Roi, étant en son Conseil, a ordonné et ordonne que
« lesdites Vicomté, terre et seigneurie de Pontaudemer et Pontau-
« tou, ensemble la Prévôté et forest de Montfort, avec leurs
« circonstances et dépendances seront et demeureront *réunies au*
« *domaine* de la couronne du jour du présent arrêt..... En consé-
« quence, que les engagistes seront tenus de remettre entre les
« mains du sieur contrôleur général des finances, dans un mois
« pour tout délai, du jour de la signification du présent, les con-
« trats d'engagement et de revente desdites terres et prévôté,
« avec les quittances..... » (1).

Ces nouvelles vues de S. M. n'étaient qu'un prétexte ; il
s'agissait plutôt de celles du premier Ministre. En effet, huit
jours après, le 26 septembre, des commissaires étaient nommés
pour évaluer la vicomté de Ponteaudemer et la Prévôté de Montfort, ainsi que la terre de Montgommery, appartenant à un avocat général à la Cour des Aides de Paris, Clément de Barville,
« créature de l'abbé Terray », dit M. Canel (2) ; le surlendemain,
28 septembre, un échange de ces domaines était réalisé : cependant la terre de Montgommery ne valait pas la moité de celles
que recevait Clément de Barville (3).

L'échange était désastreux ; le gouvernement ouvrit les yeux

(1) *Arch. Nat.*, E 2501.

(2) *Hist. de Ponteaudemer*, II, p. 299.

(3) On trouve une évaluation du domaine de Pontaudemer, à la date de 1766,
faite à la requête des créanciers de Auguste-Michel-Etienne Danican, qui décré-
tèrent ses biens : *Arch. de la Seine-Inf.*, Etat en détail de M. de Tourolle, Rece-
veur général des domaines et bois, année 1777, in-folio, f° 115 :

plus tard, et le fit annuler en 1784 (LE PRÉVOST, *Mém. pour servir à l'Hist. du départ. de l'Eure*, v° Ponteaudemer).

« Le revenu en est, savoir :

« 1° Rentes seigneuriales .... 2.000 l.

« 2° Droits seigneuriaux casuels sur 700 fiefs et 166 paroisses (le bail judiciaire était de 3.150 liv.). 6.000

« 3° Coutume de Ponteaudemer (bail judiciaire de 1.000 liv.) 1.500

« 4° Coutume de Beuzeville, bail judiciaire de 800 liv. qui ont été affermés avant. 1.500

« 5° Fouages. 260

« 6° Notariats au nombre de 11, affermés en 1737 968

« 7° Nomination aux offices, et amendes évaluées en 1548 à 580 l. 800

« 8° 15 à 18 acres au Rougemontier, affermé. 160

« 9° Coutume de Montfort, affermé (mais il faut rétablir les halles) 1.000

« 10° Forest de Montfort, compris les baliveaux anciens valans 120.000 liv. environ de valeur suivant l'offre fait au Parlement de Rouen de 26.000 liv. pendant 20 ans et 30.000 liv. pendant les 20 suivantes, de. 28.000

» Ensemble..... 42.188 l.

Charges à déduire

« Frais de justice .... 1.000 l.

« Charges locales du domaine. 910

« Gardes des bois. 800

« Charges en grains. 300

« Frais de régie 1.000   4.010

« Revenu net de Ponteaudemer..... 38.178 l.»

Ponteaudemer avait donc singulièrement augmenté de valeur depuis le temps où les Commissaires députés par Henri II pour en faire l'évaluation en avaient estimé le revenu à 2,294 livres 4 deniers tournois.

Tourolle veut démontrer le préjudice résultant pour le Roi de l'échange conclu avec Clément de Barville, et il continue ainsi :

« Du revenu ci-dessus de. .... 38.178 l.   » s. » d.

« ôter celui donné à S. M. de. 23.358   8   7

« Différence au préjudice de S. M. .... 14.819 l. 11 s. 5 d.

« Plus les domaines en Champagne. .... 4.000   »   »

18.819 l. 11 s. 5 d.

Ainsi la famille Danican d'Annebault se trouvait dépouillée de ses possessions de Pontaudemer et Montfort. Vis-à-vis d'elle il

« Outre la lésion ci-dessus démontrée, il y a lésion dans les valeurs en
« capital des objets en ce que Montgommery ne présente aucune ressource, au
« lieu que les domaines de Ponteaudemer en présentent :

« 1° La forest de Montfort a beaucoup de lieux vuides qui repeuplés en bois
« en augmenteront le revenu; on peut compter sur un dixième, d'environ 2.000 l.,
« elle sera affermée 30.000 l.

« 2° Les terres vaines et vagues sont un objet très-considérable ; 166 paroisses
« dont plusieurs en herbages offrent un champ bien vaste. On dit au pays que
« cela pourrait valoir 100.000 l., mais on en aura aisément 20.000 l. Ainsi sous
« peu l'engagiste aura des gains au préjudice de S. M. »

Le bail judiciaire sur les 700 fiefs et 166 paroisses de la vicomté, dont Tourolle fait mention ci-dessus, fut passé par devant notaires, à Paris, pour neuf
années (1703-1712), par Léon Potier, duc de Gesvres, au profit de Pierre Le
Barbier, sieur du Mesnil, ci-devant commis à la recette générale des finances de
Limoges. Il comprenait :

« Le revenu des domaines nobles de Pontaudemer, Pontautou, Montfort et
« terres en dépendant, consistant en rentes seigneuriales tant du domaine fieffé
« que non fieffé, deniers, grains, oiseaux, œufs, toutes les halles, coutumes,
« compris celle de Beuzeville, la geôle ou conciergerie de Pontaudemer, les
« tabellionnages notaires royaux, reliefs, treizièmes des rotures seulement,
« amendes des siéges royaux desd. lieux, plaids et gages-pleiges, le pré du
« Homme Ellie le Massé, la rente de 9 l. sur le pré des Aulnois, le droit
« de commettre aux messeries et garde des grains, droit de fouage, et générale-
« ment tout le revenu..., aux réserves cy-après : tous les forets et bois de
« Monfort et chauffage sur icelle et sur la forest de Brosthonne, les droits de
« relief et treizième de toutes les terres et fiefs nobles, les nominations et
« présentations de tous les officiers, bénéfices, gardes nobles, aubesnes, con-
« fiscations, déshérences, épaves, amendes des forêts et verderies... Et ce
« moyennant le prix de 3.000 l. de ferme. » *Arch. Nat.*, Q¹ 191.

Enfin, dans le contrat de la vente consentie le 3 août 1723 au profit de
Jean-Baptiste-Julien Danican, nous trouvons l'indication d'un certain nombre de
charges qui grevaient Pontaudemer :

« Au prieur de Sᵗ Ymer, pour la dîme sur la forêt de Montfort.... 500 l.

» Au prieur de Sᵗ Philbert, pour chauffage sur ladite forêt........ 90

n'y avait plus qu'à liquider les finances des sommes autrefois payées au roi ou par lui dues. C'est ce que l'on fit bientôt.

Un premier arrêt du Conseil fut rendu le 12 juin 1774 : « Considérant que lesdits engagistes sont obligés de délaisser les « batimens desdits domaines en bon état, et en conséquence d'y « faire toutes les réparations qu'ils peuvent exiger ou de consentir « que le montant en soit défalqué sur les finances, » en consé-quence, à la requête du Procureur de S. M. au Bureau des finances de Rouen, et les héritiers du sieur Danican d'Annebault présents ou dûment appelés, des experts seront nommés à l'effet d'exa-miner « l'état des ponts, halles, auditoires, prisons et autres bati-« mens, ensemble les réparations de toute nature qui pourront se « trouver à y faire, » et de dresser dans ce cas un devis estimatif. L'arrêt d'ailleurs n'oublie pas d'ajouter que les frais de l'expertise seront à la charge des représentants Danican d'Annebault (1).

Intervint alors pour le remboursement un sieur Antoine Besson, bourgeois de Paris, subrogé aux droits des créanciers de Auguste-Michel-Etienne Danican, dont les biens avaient été saisis. Il demanda la liquidation des finances à son profit, et il exposa au Conseil qu'il était dû aux engagistes non seulement la dot de 50,000 livres, et le supplément d'engagement de 200,000 livres, mais encore d'autres sommes, notamment pour la *construction de deux halles nouvelles* et le rétablissement de celle

---

» Au curé de Rougemontier, pour chauffage.................... 100

» A M. d'Ocqueville, sieur de Brémart...................... 60

» Aux Pères Carmes de Ponteaudemer, pour les messes des prisonniers 40

» Au marquisat d'Annebault, pour chauffage 150

» A 4 gardes de la forêt de Montfort, chacun................ 100

» A l'hôpital de Lisieux, 48 boisseaux de blé ; au curé du Landin, 48 bois-seaux d'avoine, 8 boisseaux de blé et 8 d'orge. »

(1) *Arch. Nat.*, E. 2510.

40

qui existait déjà, et il invoquait toutes les dépenses *reconnues* et énumérées par l'arrêt du 12 juillet 1636, ci-dessus.

Ce fut peine perdue. Le Conseil liquida simplement à deux cent cinquante mille livres la somme à payer, et, déduisant le chiffre des réparations estimées par les experts, fixa le remboursement à 221,640 livres, « sous la réserve de toutes les autres « finances qui auraient été payées à cause des domaines ». (1)

Suivant quittance notariée du 2 juillet 1776, Besson reçut du Garde du Trésor royal, Micault d'Arvelay, conseiller du roi, la somme déterminée ci-dessus, augmentée toutefois des intérêts courus depuis le 19 septembre 1773, date de l'arrêt de réunion au domaine, soit au total 242,352 l. 17 s. 9 d. Il exprimait en outre ses réserves pour toutes autres indemnités qui pourraient être dues à ses débiteurs, les héritiers Danican (2).

Voilà maintenant parcourue la première étape du procès commencé en 1766 et terminé de nos jours, dont nous avons voulu raconter les origines et l'historique. La dépossession est consommée : était-elle légitime ?

Les propriétaires de Pontaudemer étaient-ils des engagistes ou des échangistes ?

Nul doute qu'en 1550 on a voulu faire un échange ; c'est d'ailleurs dans la forme spéciale des échanges, après expertises, qu'on a procédé : le Roi a livré Pontaudemer, il a reçu les comtés de Ravel, etc. Les lettres de déclaration de 1556, les arrêts du Parlement de Paris d'avril 1550 et février 1560, déjà signalés, reconnaissent le titre incommutable de la concession. Les lettres de Henri IV de 1597 et de 1601, interprétatives de celles de 1550, répètent à satiété qu'il s'agit d'un « *échange* », « bien *hérédital* et *patrimonial* », « *incommutable* », que, s'il lui fallait jamais pour

(1) *Arch. Nat.*, carton E. 1517, arrêt du 1er août 1775.
(2) Minute conservée en l'étude de Me Edouard Lefebvre, notaire à Paris.

raison d'Etat reprendre Pontaudemer, ce serait non pas en en remboursant la valeur, mais bien en donnant en « *contr'échange* » d'autres domaines : « *fief pour fief, value pour value* ». En 1623 encore le Conseil d'Etat proclame le caractère d'échange et annule une procédure commencée à fin de rachat, en se fondant sur ce qu'une déclaration royale a excepté de l'effet de l'édit de 1619 les domaines échangés. Il n'est pas même jusqu'à l'arrêt du Conseil du 12 juillet 1636, si désastreux dans ses conséquences, qui n'ait qualifié les lettres de 1550 « *de lettres en forme d'échange* ».

Les preuves de l'échange abondent donc. Cependant Henri II s'était réservé le droit de rachat perpétuel moyennant un remboursement en deniers, et les Cours souveraines avaient inséré cette restriction dans leurs arrêts d'enregistrement. Or l'aliénation à droit de rachat perpétuel, qu'est-ce autre chose sinon l'engagement ? Et n'est-ce pas ainsi que les propriétaires, les époux de Blérancourt, interprétèrent eux-mêmes leur titre, lorsque en 1636 ils offrirent de payer 200,000 livres « par forme de *supplément d'engagement* » ? Et l'arrêt rendu sur leur requête n'ordonna-t-il pas ce paiement dans les mêmes termes, « *par forme de supplément d'engagement* » ? N'y eut-il pas alors un consentement des propriétaires, sanctionné par arrêt, et par arrêt passé en force de chose jugée, à une transformation du titre de leur possession ?

Ce n'est pas tout : se reportant au texte même des lettres d'avril 1550, on disait dans l'intérêt de la Couronne que, s'il y avait eu échange, ce n'était pas un échange de propriétés, mais un échange d'*assignats de dot,* et l'on faisait ce raisonnement spécieux : de même que le marquis de Saluces avait assigné la dot et le douaire de la marquise sa femme sur les comtés de Carmagnoles et de Ravel, et que ses héritiers eussent pu dégager ces comtés par un remboursement, de même le Roi pouvait, en opérant lui-même le remboursement, dégager les domaines sur lesquels il avait transporté l'assignat de dot.

Dans de telles conditions, le Conseil d'Etat a peut-être pu juger le 13 août 1770 et le 3 août 1773, que la vicomté de Pontaudemer constituait un domaine engagé.

Mais la Prévôté de Montfort pouvait-elle être reprise ? Aliénée avant l'ordonnance de Moulins, elle l'eût pu, à la condition que le Roi s'en fût expressément réservé le droit. Or, il avait à le prouver, il ne le fit pas. Mais dans leur requête de 1636, le marquis et la marquise de Blérancourt avaient écrit que la Prévôté de Montfort « était un membre dépendant de la vicomté de Pontaudemer » et ils l'avaient englobée dans leur offre de payer un supplément d'engagement pour la conserver. Dès lors, la Prévôté put à la rigueur suivre le sort de la Vicomté.

Quant aux terres vaines et vagues vendues jadis à la dame de Bacqueville, elles avaient été « fieffées à perpétuité », ainsi du reste que le permettait le second édit de Moulins de 1566. Mais le Conseil d'Etat de 1773 ne prit pas la peine de faire des distinctions, que les époux de Blérancourt eux-mêmes n'avaient du reste pas faites.

D'ailleurs, la dépossession de la famille Danican d'Annebault fut consommée aux milieu de graves irrégularités, et notamment :

1° Le dernier arrêt du Conseil, celui du 19 septembre 1773, qui prononçait la réunion des domaines de Pontaudemer à la Couronne en annulant ceux qui avaient ordonné la revente, fut rendu, ainsi que celui du 21 novembre 1766, *de proprio motu*, c'est-à-dire sur l'initiative royale seule et sans que les adversaires de l'Etat eussent été appelés au procès. Or, c'est celui-là même qui fut mis à exécution en 1775 et 1776. M. Danican d'Annebault s'en souviendra pendant la Révolution.

2° C'est un point de droit incontesté qu'en matière de domaines engagés, le remboursement doit être préalable à la dépossession : or, dans l'espèce, trois années s'écoulèrent après celle-ci jusqu'au remboursement qui n'eut lieu qu'en 1776. Il est vrai qu'on tint compte des intérêts depuis 1773, mais les intérêts des 221,000 livres payées étaient bien inférieurs aux produits des domaines dont on aurait dû continuer à jouir, au moins par droit de rétention.

3° On fit dresser un état des réparations « *de toute nature* » a faire aux bâtiments de la vicomté, et de ce chef on retint une somme supérieure à 28,000 livres. Mais, inversement, fit-on estimer les améliorations dues aux engagistes ? Il est permis d'en douter. Prit-on bien garde que de ces bâtiments qu'on voulut leur faire rendre en état parfait ils avaient reçu les uns peut-être en mauvais état, et que, pour d'autres, comme la halle au blé, ils les avaient construits de toutes pièces ? Et puis, simples engagistes, étaient-ils tenus à d'autres réparations que celles qui sont charges de jouissance ?

4° Enfin, on calcula le remboursement sur le chiffre de 250,000 livres, et on refusa de tenir compte aux engagistes des sommes considérables dont le versement antérieur dans les caisses de l'Etat était certain, attesté et justifié par des titres authentiques, tels que l'arrêt du Conseil de 1636. On se borna à réserver aux engagistes leurs droits de créances : le lecteur verra si l'Etat sera plus libéral au XIXe siècle.

Révolution. — Arrêt du Conseil d'Etat du 19 août 1813 : Mme d'Annebaut est reconnue engagiste. — Lois du 14 ventôse an VII et 28 avril 1816. — Arrêt du Conseil d'Etat du 21 mars 1821 : Restitution de la forêt de Montfort à Mme d'Annebaut, engagiste.

Le jeune Auguste Danican d'Annebaut atteignit sa majorité de vingt ans en 1792. Il s'adressa alors à la Convention nationale pour obtenir sa réintégration dans les domaines dont il se disait injustement dépouillé. On le renvoya au Comité de législation et des domaines.

L'arrêt de réunion du 19 septembre 1773, celui qui avait été exécuté et avait en définitive donné lieu à la dépossession, était un arrêt de propre mouvement, c'est-à-dire un arrêt rendu sur la seule initiative du Roi, sans que les parties intéressées y eussent été appelées. Or, la loi du 20 septembre 1793 vint permettre à toutes les personnes lésées par des arrêts de cette sorte d'en poursuivre l'annulation. On obtint facilement la suppression de l'arrêt du 19 septembre, mais on fit ainsi revivre les arrêts précédents qui avaient reconnu l'engagement et ordonné la revente.

Auguste Danican d'Annebaut mourut en l'an XII, instituant sa veuve, née Claudine Collard, légataire universelle. Celle-ci continua les efforts de son mari pour faire proclamer la qualité d'échangiste méconnue par l'ancien Conseil du Roi. Un arrêt du Conseil d'Etat du 19 août 1813 rejeta sa demanda et déclara que les deux arrêts des 13 août 1770 et 3 août 1773 avaient acquis l'autorité de la chose jugée, en conséquence, que les domaines de Pontaudemer avaient été des domaines engagés.

La situation ne s'améliorait pas. Une loi récente cependant était venue au secours des anciens engagistes. Toujours menacés du rachat, ils n'avaient qu'une possession précaire : la loi du 14 ventôse an VII voulut la consolider. Elle fut une transaction. Elle décida que tout engagiste deviendrait désormais propriétaire incommutable en payant à l'Etat le quart de la valeur des biens qu'il détenait à ce titre ; quant à ceux des domaines engagés que l'Etat aurait déjà repris, il offrait, s'il ne les avait pas encore aliénés, de les restituer sous la même condition aux anciens possesseurs ou à leurs représentants. Mais à cette époque, les grands propriétaires de l'ancien régime ne semblaient pas dignes de l'intérêt qu'on accordait à tous autres ; on excepta en effet du bénéfice de la loi nouvelle les engagistes de forêts d'une contenance supérieure à 150 hectares. Or, la Révolution avait supprimé ou aliéné la plupart des anciens droits et domaines de M. Danican d'Annebaut : il ne restait plus que la forêt de Montfort, et celle-ci contenait précisément plus de 150 hectares ! De sorte qu'après l'arrêt du Conseil d'Etat de 1813, si, voulant la réclamer, Mme Danican d'Annebaut se disait échangiste, on lui répondait : vous êtes engagiste ; et si elle acceptait cette dernière condition, on la repoussait en lui disant : la loi de l'an VII n'est pas faite pour vous.

Heureusement, la loi du 28 avril 1816 (1) vint mettre fin à cette injuste distinction entre les grands et les petits : tout le monde put invoquer le secours de la loi de l'an VII.

Mme d'Annebault, que l'arrêt du Conseil d'Etat de 1813 avait déclarée engagiste, accepta cette qualité, s'en prévalut et demanda la restitution de la forêt de Montfort en faisant la soumission, aux termes de la loi, de payer le quart de sa valeur suivant l'estimation qui en serait faite.

La demande fut accueillie par un arrêté du Préfet de l'Eure du 8 octobre 1816. Mais l'administration des Domaines résista et le Ministre annula l'arrêté préfectoral.

Il fallut plaider, Mme d'Annebault triompha pleinement. Le Conseil d'Etat rendit, sur le rapport de M. de Cormenin, le 21 mars 1821, un arrêt qui se résume ainsi : l'arrêt de 1813 a déclaré que ceux des 13 août 1770 et 3 août 1773 de l'ancien Conseil, rendus contradictoirement avec le sieur d'Annebault, ont reconnu sa qualité d'engagiste, ce point est désormais acquis ; l'arrêt de propre mouvement du 19 septembre 1733 a été annulé ; la revente ordonnée le 3 août 1773 n'a pas été exécutée, donc le sieur d'Annebault, et, après lui, sa veuve, sont demeurés

_____

(1) Loi sur les finances, art. 116.

jusqu'à l'heure actuelle des engagistes ; par suite, ils ont le droit de se prévaloir de la loi nouvelle ; leur soumission pour le seul de leurs biens resté aux mains de l'Etat, la forêt de Montfort, est valable (1).

Le Domaine n'avait plus qu'à s'exécuter. L'estimation de la forêt fut faite ; on l'estima à plus de douze cent mille francs, elle contenait du reste plus de deux mille hectares. Mme d'Annebault emprunta sur sa forêt, moyennant hypothèque, et paya, le 24 mai 1822, à l'Etat, la somme de 302,853 francs pour le quart à sa charge, savoir cent mille francs en espèces et le reste en billets à courte échéance. Les titres de propriété lui furent remis ; elle nomma des gardes ; elle fit des ventes de bois. Elle était réintégrée dans sa possession ; elle était propriétaire.

Reprise par l'Etat de la forêt de Montfort. — Mme d'Anne-baut n'était plus une engagiste, mais une simple créan-cière. — Ses créances sont frappées de déchéance. — Arrêts du Conseil d'Etat, 1er décembre 1824 ; de la Cour royale de Rouen, 23 juin 1828 ; du Conseil d'Etat, 16 août 1833.

Hélas ! tout n'était pas fini. On n'avait pas produit au Conseil d'Etat, en 1821, la fameuse quittance des 250,000 livres payées à Besson en 1776. Ce paiement, fait à un cessionnaire de créanciers, pendant la minorité du jeune Danican d'Annebault, alors âgé de quatre ans, ses représentants l'ignoraient ; les administrations des Domaines et du Trésor public elles-mêmes ne le connaissaient pas davantage. On en fit un jour la découverte : on raconte que

(1) LEBON, *Arrêts du Conseil d'Etat*, 1821, p. 415.

ce fut sur la révélation d'un anonyme, qui reçut de ce chef une prime de cent mille francs.

Aussitôt, le 2 septembre 1822, le Ministre, M. de Villèle, prescrivit de suspendre le recouvrement des derniers billets encore dus par Mme d'Annebault, et ordonna aux Domaines de reprendre possession de la forêt au nom de l'Etat.

Cette mesure violente fut exécutée ; les gardes de Mme d'Annebault furent expulsés.

Tout était à recommencer ; la malheureuse dame d'Annebault se pourvut contre la décision ministérielle. Le Conseil d'Etat, par arrêt du 1er décembre 1824, lui donna tort (1). Cette fois, on décidait qu'elle n'était même plus une engagiste : la liquidation et le remboursement de 1776, tout partiels qu'ils eussent été, lui avaient fait perdre cette qualité, et, partant, le droit d'user de la loi de l'an VII. C'était faire bon marché de l'autorité de la chose jugée et de l'arrêt du Conseil d'Etat de 1821, qui, dans l'ignorance, il est vrai, de la quittance, avait jugé le contraire. La nouvelle décision du Conseil d'Etat était-elle même juridique ? On en peut douter : dans l'ancien droit, un engagiste devait être *intégralement* remboursé de ses finances d'engagement *avant* d'être dépossédé, et c'est le contraire qui était arrivé ; sous un régime plus libéral que celui de l'abbé Terray, on aurait pu invoquer le droit de rétention. Or, tout n'avait pas été remboursé. Le nouvel arrêt du Conseil d'Etat le reconnaissait, car il réservait à Mme d'Annebault tous ses droits de créances, soit qu'elle fît annuler la quittance produite, soit qu'elle justifiât de finances non remboursées.

Il fallut plaider devant la juridiction civile. Le tribunal d'Evreux décida que la quittance de 1776, donnée par un créancier, arrière du propriétaire, sans son consentement et sans discussion de sa

(1) LEBON, 1824 p. 648.

part, n'était pas opposable à ses héritiers. La Cour royale de Rouen, réformant, décida qu'elle était valable (1).

Mme Danican d'Annebault retourna devant l'autorité administrative. Elle n'était pas échangiste ; elle n'était plus engagiste ; elle était au moins créancière, d'abord de toutes les sommes énumérées dans les Lettres Patentes de 1636, dont le Conseil du Roi avait provisoirement refusé de tenir compte à Besson, et de bien d'autres encore : au dire des consultations par elle produites, elle justifiait de versements s'élevant à plus d'un million. Elle en demanda au Ministre le paiement.

Par sa décision du 19 octobre 1829 le Ministre refusa : les créances n'étaient pas suffisamment justifiées, répondait-il, et d'ailleurs elles étaient frappées de déchéance par les lois sur les finances (2).

Mme d'Annebault déféra la décision ministérielle au Conseil d'Etat. Malgré les efforts de ses avocats, Me Scribe et le célèbre jurisconsulte Adolphe Chauveau, elle vit le Conseil repousser son pourvoi, par le double motif qu'elle ne représentait point les originaux des quittances des versements, mais seulement des copies collationnées et certifiées conformes (au bout de deux siècles écoulés !), et que, d'ailleurs, démontrât-elle ses créances, elle avait encouru les déchéances de la loi (3).

Et cependant l'Etat devait. L'abbé Terray avait dépouillé les possesseurs de Pontaudemer. Le xixe siècle garde le bénéfice et méconnaît la dette.

Mme Danican d'Annebault est morte à Paris, en 1843, dans un état voisin de la misère, recueillie par une amie, la dame Coste,

(1) Arrêt du 23 juin 1828.

(2) Voyez notamment les lois des 28 avril 1816 (titre IV), 25 mars 1817, 17 août 1822 ; — 29 janvier 1831, 4 mai 1834.

(3) Arrêt du 16 août 1833 (Lebon, 1833, p. 464).

à laquelle elle légua son unique fortune, les droits litigieux qui pouvaient lui rester.

La dame Coste, née Jeanr. de Guillemin, avait elle-même une situation des plus modestes. Elle est morte à son tour en 1864, ne laissant guère à ses héritiers d'autre succession que les droits qu'elle-même avait reçus de Mme d'Annebault (1).

Ces héritiers résolurent de tenter un dernier effort. Pourtant ils voulurent d'abord s'adresser à la clémence de l'Etat. Ils présentèrent une supplique à l'Empereur, en sa Commission des pétitions (2), pour obtenir une indemnité quelconque à titre transactionnel. Des promesses auraient été faites, paraît-il, mais la guerre néfaste de 1870 vint en empêcher la réalisation, et puis on les oublia.

Revendication de la Prévôté de Montfort. — Arrêt de la Cour d'appel de Rouen du 30 mars 1885. — Conclusion.

Alors commença, sans grand espoir de succès, le dernier procès. Les héritiers de Mme Coste assignèrent, en 1873, l'Etat devant le Tribunal civil de Pontaudemer pour revendiquer la Prévôté de Montfort et les terres vaines et vagues vendues à la dame de Bacqueville. La Prévôté, disaient-ils, avait été vendue avant l'ordonnance de Moulins de 1566, sans clause de rachat, à moins que l'Etat ne fît la preuve contraire ; les terres vaines et vagues, l'ancienne législation permettait de les aliéner à titre

(1) Mme Coste avait essayé de diriger contre l'Etat un nouveau procès, qui n'eut pas de suite, sous le nom d'un cessionnaire fictif, M. Salomon de Saulger ; ce nom est cité par Charpillon, *Dict. de l'Eure*, v° APPEVILLE.

(2) V. Décret du 18 décembre 1852.

incommutable; tous ces domaines avaient une origine distincte de ceux qui avaient été cédés à Magdeleine d'Annebaut. En conséquence, c'était à tort que l'Etat s'en était emparé en même temps que de Pontaudemer; il lui fallait les restituer.

L'Etat rappelait les termes de l'arrêt du Conseil de 1636, où l'on voyait les époux de Blérancourt imprudemment offrir un supplément d'engagement pour garder toutes leurs possessions quelconques, y compris les terres vaines et vagues et la Prévôté de Montfort elles-mêmes. Au reste, il répondait par un dilemme : ou c'était à bon droit qu'en 1773 il avait repris ces domaines et les arrêts qui l'avaient permis avaient acquis l'autorité de la chose jugée ; ou c'était à tort, et paisible possesseur depuis 1773, tout au moins depuis 1833, il les avait, avant l'année 1873, acquis par prescription.

Les demandeurs furent déboutés de leur action par un jugement du 28 décembre 1881. Ils appelèrent de la décison, et le 30 mars 1885 un arrêt de la Cour d'appel de Rouen confirma le jugement du Tribunal de Pontaudemer. La Cour de cassation rejeta ensuite le pourvoi formé contre l'arrêt de la Cour de Rouen.

Nous sommes arrivés enfin au terme de cette longue odyssée de procès. Et maintenant, si l'on jette sur eux un dernier regard, un enseignement pratique s'en dégagera : fuir, autant que possible, le redoutable honneur d'avoir l'Etat pour adversaire. Sans doute il se peut que le Roi de France n'ait remis à Magdeleine d'Annebaut qu'un domaine engagé en qualifiant pourtant le contrat d'échange ; il se peut que le remboursement partiel de 1776 ait éteint l'engagement en ne laissant subsister qu'une créance ; il se peut qu'en 1833 le Conseil d'Etat ait eu le droit de déclarer la créance frappée de déchéance, et la Cour de Rouen, en 1885, tous droits quelconques prescrits. Un fait certain demeure : l'Etat peut invoquer des déchéances et des prescriptions, mais il s'est enrichi aux dépens des représentants de Magdeleine d'Annebault ; il a repris le gage, mais il n'a pas remboursé tout l'emprunt, et, pour parler la langue du droit, il retient partie de la fortune d'autrui. Des déchéances et des prescriptions ! Dans tous les siècles et sous tous les régimes, n'est-ce pas trop souvent la monnaie dont l'État paie ses créanciers ?

APPENDICE

LETTRES PATENTES D'AVRIL 1550

EN FAVEUR DE MAGDELEINE D'ANNEBAUT

(Arch. Nat., *Recueil des Ordonnances de Henri II*, X¹ᴬ 8616, parchemin, fᵒ 51.)

Don et transport des viconté du Pontaudemer et Pontautou et seigneurie et chastellenie de Baugency faictz a la marquise de Salluces.

HENRY par la grace de Dieu Roy de France a tous presens et advenir salut. Comme en traictant et accordant le mariage d'entre feu nostre tres cher et amé cousin Gabriel, en son vivant, marquis de Salluces, et nostre tres chere et amee cousine Magdalene d'Annebault, fille de nostre tres cher et amé cousin admiral de France le sire d'Annebault, chevalier de nostre ordre et nostre lieutenant general en noz pays et duché de Normandie, et de nostre tres chere et amee cousine dame Françoyse de Tournemyne, sa femme, des gré et vouloir du feu Roy nostre tres honoré seigneur et pere, que Dieu absolve, ayt esté promis et accordé à lad. Magdalene d'Annebault en faveur et contemplation dud. mariage la somme de six mil livres tournois en revenu annuel d'une part, pour son douaire viager, sur les pays terres et seigneuries dud. marquisat et conté de Carmaignolles, et pour son dot, montant cinquante mil livres, la somme de deux mil cinq cens livres tournois aussi en revenu annuel d'autre part sur la conté terre et seigneurie de Ravel et generallement sur tous les autres biens dud. sieur marquis et de proche en proche, jusques à plain et entier remboursement desd.

cinquante mil livres tournois, et autres charges et conditions à plain declairees ès lettres de contract dud. mariage, le vidimus duquel nous avons faict attacher à ces présentes soubz le contrescel de nostre chancellerie, contenant ratification du contenu d'icelluy et auctorisation de nostredit feu seigneur pere, avec la quictance dudit feu sieur marquis desd. cinquante mil livres tournois pour la constitution dud. dot, pour desd. dot et douaire joyr par lad. Magdalene d'Annebault, sa femme, si tost que douaire et repetition de dot auroit lieu ; depuis le trespas duquel feu sieur marquis de Salluces qui seroit décédé sans hoir procréé de son corps, nous nous serions saisiz et emparez d'icelluy marquisat, contez, pays, terres et seigneuries de Carmaignolles et autres biens que possedoit nostred. cousin led. feu marquis, et le tout aurions mis en noz mains et obeissance comme tenuz et mouvans de nous a cause de nostre pays de Daulphiné a nous advenuz et escheuz a faulte d'homme et autrement deuement, et pour autres bonnes justes et raisonnables causes et considerations. Et pour ce que nous desirons tenir et garder lesd. marquisat, contez terres et seigneuries desusd. pour le renfort et conservation de nostre pays de Piemont qui est prochain et contigu, voulons aussy iceulx estre deschargez desd. dot et douaire de nostred. cousine, montans ensemble la somme de huict mil cinq cens livres tournois, et d'icelles recompenser et assigner ailleurs tant dud. dot que douaire nostredite cousine vefve de nostred. cousin led. feu sieur marquis, comme chose juste raisonnable et d'equité, en faveur et contemplation tant d'icelle vefve dont sommes protecteurs, aussi en consideration desd. pere et mere, sur aucunes parties et portions de nostre domaine, avecques la plus grande commodité et asseurance que faire se pourra pour le desir que nous avons de la bien et favorablement traicter et de descharger led. marquisat desd. dot et douaire. A ceste cause voulans l'assignation desd. dot et douaire de nostredite cousine luy estre faicte, nous aurions dès l'année 1548 commis, ordonné et deputé certains bons et suffisans personnaiges noz officiers en nostre Chambre des Comptes de Paris pour avalluer par communes annees de dix tant le revenu de nostre vicomté de Pontaudemer et Pontautou avec ses appartenances et dependances jusques à la somme de deux mil cinq cens livres pour le dot de nostred. cousine, si tant ledit revenu pouoit

valloir et monter non comprenant toutesvoyes en lad. avaluation les
boys et revenu de nostre forest de Brothonne assise en lad. viconté que
nous aurions entierement reservee et retenue a nous, que pareillement
le revenu de nostre terre seigneurie et chastellenie de Baugency et
ses appartenances, nagueres reunye et incorporee en nostre domaine
par le trespas de feu nostre tres cher et amé frere le duc d'Orleans que
Dieu absolve, jusques a la concurrence de six mil livres, si tant aussi
icelluy revenu pouoit monter et valoir, pour le douaire de nostred.
cousine, et lesdites evaluations faire sur les comptes renduz tant en
nostred. Chambre des Comptes que autrement, desd. terres et seigneuries, leurs appartenances et dependances, extrayant d'iceulx la valeur
de dix annees dernierement escheues si de tant commodement se pouoit
faire, sinon sur autres comptes renduz des plus prochaines annees pre-
cedentes, pour desd. annees en tirer une commune ; laquelle avaluation
faicte, nosd. commissaires auroient a Nous et a nostre Conseil privé
rapporté verballement et faict certainement entendre la valeur d'icelles
terres et seigneuries, charges ordinaires deduictes, et si auroient mis de
nostre ordonnance et commandement verbal ès mains de deux de noz
amez et feaulx conseillers maistres des requestes ordinaires de nostre
hostel, estant lez nous leurs procés verbaulx et informations sur ce
faictes que nous aurions par eulx faict veoir, lesquelz pareillement
nous auroient en presence de gens de nostredit privé Conseil fait ample
rapport que le revenu de nostre viconté de Pontaudemer et Pontautou
en ce compris nostre forest de Montfort sur Rille, les buissons le Roy et
les haultes et basses angles a nous appartenans qui consistent a present
en boys tailliz seullement, iceulx reduictz en couppes ordinaires selon
la coustume des lieux, se seroit trouvé monter et avoir esté evaluée
par lesdits commissaires a la somme de deux mil neuf cens quatre
vingtz quatorze livres quatre deniers tournois par chacun an, en icelle
somme non comprins les boys et revenu de nostred. forest de Brothonne
que nous avons comme dict est retenu et reserve a nous ; et la terre
seigneurie et chastellenie dud. Baugency avec ses appartenances et dependances, la somme de quatre mil quatre cens soixante troys livres
cinq solz dix deniers tournois, en icelle comprins treize cens soixante
dix livres dix solz tournois de rente et revenu vendu et engaigé a

rachapt perpetuel tant du vivant de nostredit seigneur et pere que nous, laquelle somme ou partie d'icelle ainsi qu'il sera dict cy après nous ferons promptement rachapter, ou pour ce faire sera baillé et fourny comptant a nostredite cousine la somme de treize mil cinq cens cinquante sept livres deux solz tournois pour laquelle lesd. venditions ont esté faictes pour au moyen de lad. somme faire lad. reunion, aussi comprins aud. revenu les boys et buissons de Bryon, les Boys au Roy et hayes au Roy des appartenances de ladite seigneurie, reduictz en couppes ordinaires selon la coustume des lieux, qui consistent a present en boys tailliz, excepté huict vingtz six arpens troys quartiers de haulte futaye assis aud. boys de Bryon selon le mesurage que lesd. commissaires nous ont de ce rapporté, ainsi que le tout est plus a plain et par le menu declairé et specifié par leursd. procès verbaulx et information que nous avons faict veoir, comme dict est, et iceulx trouvez bien et deuement faictz et comme tels les avons eu et avons pour agreables, et suyvant iceulx voulans faire a nostredite cousine actuelle delivrance desd. viconté de Pontaudemer et seigneurie de Baugency leurs appartenances et dependances.

Savoir faisons que nous, ce que dict est consideré et pour les bonnes causes et raisons dessus desduictes et autres a ce nous mouvans, Avons a icelle nostred. cousine Magdalene d'Annebault, vefve de nostredit cousin marquis de Salluces, donné, ceddé, delaissé et transporté, assis et assigné, donnons, ceddons, delaissons, transportons, asséons et assignons, de nostre puissance et auctorité royalle par ces presentes, icelle nostred. viconté de Pontaudemer et de Pontautou et tout le revenu d'icelle en ses appartenances et dependances, pour la somme de deux mil six cens quatre vingtz quatre livres treize solz, assavoir deux mil cinq cens livres pour sond. dot et neuf vingtz quatre livres treize solz ung denier obole tournois, a laquelle nous avons modere la recepte faicte par lad. evaluation du prouffit des amendes à nous adjugees, tant a cause des reformations extraordinaires faictes èsd. dix annees en lad. forest de Montfort que pour consideration que a nostred. viconté n'y a maison ne demeure a nous appartenans pour y loger nostredite cousine, comme elle eust eu et auroit aud. marquisat a cause de sond. dot des villes et chasteaulx dud. Ravel, et aussi pour et au lieu des dons gratuitz qu'elle eust peu recevoir de ses subjectz aud. pays ainsi qu'ilz ont accoustumé faire, le tout aux conditions et charges a plain desclairees en sond. contract de mariage, dont le vidimus est cy attaché comme dict est, non comprins esd. sommes les boys et revenu de nostred. forest de Brothonne, comme dict est, desquelz boys et revenu en sera faict estat à nostre prouffit par nostre viconte et receveur ordinaire de lad. viconté qui en rendra compte en nostre Chambre desd. Comptes chacun an en la maniere accoustumee; et pour le douaire de nostredite cousine montant six mil livres de revenu aussi aux conditions contenues aud. contract de mariage, nostre chasteau terre seigneurie et chastellenie de Beaugency avec ses appartenances et dependances pour la somme de quatre mil cent soixante deux livres dix deniers tournois, en icelle comprins onze cens quatre vingtz neuf livres cinq solz tournois des domaine et revenu d'icelle seigneurie vendue et alienee que nous ferons promptement rachapter au prouffit de nostred. cousine, comme il est dict cy dessus, ou luy delivrer pour ce faire lesd. treize mil cinq cens cinquante sept livres deux solz tournois pour lesquelz led. engaigement a esté faict, et oultre avons reservé et retenu a nous le revenu de l'emolument du greffe dud. bailliage dud. Baugency, dont joyt a present en tiltre d'office nostre cher et bien amé Jehan Gaultier, et des ysles contencieuses et Roquelin pour la nourriture de partie des chevaulx de nostre haras estant a Meung sur Loyre, nonobstant que desd. greffe et ysle ayt esté faict estat en l'avaluation et recepte par nosd. commissaires en leurd. procès verbal; et pour le parfaict desd. six mil livres, montant dix huict cens trente sept livres dix neuf solz deux deniers tournois, nous en avons assigné et assignons par ces presentes nostred. cousine, assavoir est, de troys cens neuf livres sept solz ung denier obolle tournois que monte le parfaict desd. deux mil neuf cens quatre vingtz quatorze livres quatre deniers tournois, a laquelle nostredite viconté du Pontaudemer a esté par iceulx nosdits commissaires avaluee du revenu par chacun an, a icelle somme de troys cens neuf livres sept solz deux deniers obolle tournois avoir et prendre sur le revenu d'icelle viconté aussi par chacun an, avecques le surplus dud. revenu aux reservations cy dessus pour le regard d'icelle viconté ; et la somme de quinze cens vingt huict livres onze solz onze deniers obolle tournois, à icelle avoir et prendre par chacun an par nostred. cousine, et par ses simples quictances, par les mains de nostre receveur de noz aydes en l'election de Lisieux present et advenir, et par les quatre quartiers d'an et aux termes que les deniers de nosd. aydes nous sont payés, jusques à ce que nous ayons faict asseoir et assigner nostred. cousine sur nostred. domaine de semblable somme, et sans que a icelle nostred. cousine pour lad. somme soit besoing en avoir et obtenir de nous autre acquict pour icelluy receveur, ne par luy rapporter autre descharge sur ses comptes que le vidimus de cesd. presentes pour une foys seullement et les quictances de nostred. cousine par chacun an. Pour par icelle nostredite cousine Magdalene d'Annebault, et par ses mains ou de ses receveurs commis et deputez, joyr et user doresnavant plainement et paisiblement, c'est assavoir : desd. viconté terre et seigneurie du Pontautou et Pontaudemer, ses appartenances et dependances, tant pour elle que ses hoirs successeurs et ayans cause, a tousjours, jusques au rachapt et entier remboursement de lad. somme de cinquante mil livres, lequel rachapt nous et noz hoirs et successeurs pourrons faire quant bon nous semblera, en payant et remboursant actuellement et par effect a nostred. cousine sesd. hoirs successeurs et ayans cause ladicte somme de cinquante mil livres pour une foys, aux termes et ainsi qu'il est dict par led. contract, sans toutesfoys que pour la joyssance et perception des fruictz et levees d'icelle viconté et de sesd. appartenances, que elle sesd. hoirs successeurs et ayanz cause en auroient euz, Nous ne noz successeurs leur puissent aucune chose precompter, diminuer ne rabatre du sort principal d'icelle somme de cinquante mil livres tournois ; et de lad. chastellenie de Baugency et du revenu d'icelluy, en douaire, sa vie durant tant seullement, le tout a commancer du premier jour de janvier dernier passé ; et que de chacune d'icelles elle puisse joyr, ainsi que dessus est dict, en toute haulte justice, moyenne et basse, hommes, hommaiges, fiefz, arriere fiefz, chasteau, maisons, manoirs, cens, dixmes, champarts, rentes et revenuz, prouffitz et emolumens, terres, prez, pasturages, forestz, boys taillys, tiers et dangier, garennes, vignes, rivieres, estangs, viviers, pescheries, fours, moulins, lotz, ventes, reliefz, rachaptz, amendes, forfaictures, aulbenaiges et autres droitz et domaines, appartenances et dependances d'icelles terres et seigneuries, sans aucune chose en reserver ne retenir a nous fors seullement les foy et hommaige, ressort et souveraineté, et que desd. huict vingtz six arpens troys quartiers boys de haulte fustaye, assis en lad. forest de Brion de lad. seigneurie de Baugency, nostred. cousine ne pourra coupper ne faire coupper mais en joyra, ensemble de la paisson et glandee d'icelle, comme bon pere de famille peult et doit faire, et aux autres charges toutesvoyes conditions et modifications cy dessus declairees et qui sont contenues ès lettres de contract de mariage de nostred. cousine pour le regard du susd. dot et douaire, et tout ainsi qu'elle eust faict ou peu faire et joyr d'iceulx oud. marquisat. Et oultre avons declairé, voulu et entendu, declairons, voulons et entendons et nous plaist que nostred. cousine ayt et luy avons donné et donnons par ces presentes plain pouoir, puissance, auctorité et faculté de pouvoir, dès a present et toutes et quantes foys que vacation y escherra, soit par mort, resignation, forfaicture ou autrement, nous nommer et presenter a tous les offices ordinaires et domaniaulx desd. terres viconté et seigneuries gens suffisans et ydoynes que bon luy semblera, pour y estre a sad. nomination par nous pourveu et non autrement, reservé toutesfoys l'office de vicomte dud. Pontaudemer, duquel nous avons retenu et retenons a nous la plaine et entiere disposition, et de ce faire luy avons donné donnons et octroyons de grace especial, plaine puissance et auctorité royal, par cesd. presentes led. pouvoir et faculté, et si, par inadvertance ou en quelque autre sorte que ce soit, nous en faisions cy après don par autre moyen ou qu'il y fust par nous pourveu au préjudice et contre la teneur de cesd. presentes, Nous avons lesd. dons et provisions dès a present comme pour lors revocqué, cassé et adnullé, revocquons, cassons et adnullons et le tout declairé et declairons nul et de nul effect et valeur ; voulant en oultre, de nostre plus ample grace et liberalité, que nostred. cousine pourvoye a tous les benefices et dignitez ecclesiasticques des susdites terres et seigneuries dont la disposition nous appartient, et presenter aux prelatz de nostre Royaume quant ausd. benefices dont la presentation nous appartient, et tout ainsi que nous mesmes faisions et faire pourrions, et tant et si longuement que nostredite cousine joyra desd. terres et seigneuries par la maniere que dict est. Si Donnons en mandement par ces mesmes presentes a noz amez et feaulx les gens tenans noz courts de Parlement a Paris et Rouen, Chambre de nos comptes, Tresoriers de France et de nostre espargne, Generaulx de noz finances et de noz aydes, baillyfz, vicontes et leurs lieuxtenans, chacun en son egard et comme a luy appartiendra, que noz presens don, cession, transport, delayz et assignations et tout le contenu cy dessus ilz facent lire, publier, veriffier et enregistrer respectivement en noz courts et jurisdictions en la maniere accoustumee, sans aucune chose y modiffier, restraindre ne diminuer en toutes ses circonstances et dependances en aucune maniere, et du contenu en iceulx facent, seuffrent et laissent, chacun en son endroict et comme a luy appartiendra, nostredite cousine joyr et user plainement et paisiblement ainsi que dessus est dict, sans en ce luy faire, mectre ou donner ne souffrir estre faict, mis ou donné aucun destourbier ou empeschement au contraire, lequel, si faict, mis ou donné luy estoit, reparent et remectent et facent incontinent le tout reparer et remectre au premier estat et deu. Et, en rapportant cesd. presentes signées de nostre main ou le vidimus d'icelles faict soubz scel royal pour une foiz seullement et quictance de nostred. cousine sur ce suffisants, Nous voulons noz vicontes et receveurs ordinaires desd. lieux presens et advenir, et tous autres a qui ce peult et pourra toucher, en estre tenuz quictes et deschargez en leurs comptes, par tout ou il appartiendra par lesd. gens de noz comptes ausquelz nous mandons ainsi le faire sans difficulté : car tel est nostre plaisir. Nonobstant que nosd. commissaires n'ayent procedé a l'avaluation des revenuz desd. viconté de Pontautou et Pontaudemer et seigneurie de Baugency sur les dix dernieres prochaines annees, ains seullement pour le regard delad. viconté pour dix annees finies au jour sainct Michel mil cinq cens quarante quatre, et pour lad. seigneurie de Baugency aussi pour dix annees finies au jour sainct Jehan Baptiste mil cinq cens quarante six, dont, attendu les raisons a plain contenues et declairees ès procès verbaulx de nosd. commissaires, qui n'ont peu faire lesd. avaluations sur les plus prochaines dernieres annees des comptes et estatz de noz receveurs et officiers comptables, aussi que pour le legitime empeschement de l'ung de nosd. commissaires, les informations faictes pour raisons de la valeur des boys desd. viconté du Pontaudemer et seigneurie de Baugency ayent esté faictes par l'ung d'eulx seullement avec ung adjoint et les substitutz de nostre procureur general desd. Comptes, que ne voulons nuyre, prejudicier ou empescher l'effect et contenu de cesd. presentes, dont nous avons relevé et dispensé, relevons et dispensons nostredite cousine, et tous autres et de quelzconques ordonnances, restrinctions, mandemens ou defenses a ce contraires, ains en tant que besoing seroit nous avons lesd. procès verbaulx validez et validons et euz pour agreables par ces mesmes presentes, 	lsquelles en tesmoing de ce Nous avons faict mectre nostre scel, sauf en autres choses nostre droit et l'autruy en toutes

Donné à Paris ou moys d'avril l'an de grace mil cinq cens cinquante et de nostre regne le quatrieme.

Ainsi signé Henry, *au dessoubz,* Par le Roy De Laubespine.

Lecta, publicata et regrâta audito procuratore gñali regis sub modifficationibus contentis in regro, actum Parisiis in parlamento quinta die mensis maii anno dñi millesimo quingentesimo quinquagesimo. *Sic signatum* Du Tillet (1).

---

(1) *Dans la collection des Mémoriaux de la Chambre des Comptes, reconstituée au XVIII° siècle par Le Marié d'Aubigny* (Arch. Nat.), *au volume coté* P 2308, *au f° 811, on trouve une copie de la même charte. Après la mention de l'enregistrement par le Parlement de Paris, on y lit les deux mentions suivantes :*

Lecta similiter, publicata, regrâtra in camera computorum domini nostri regis procuratore gñali dicti domini in eadem camera consentiente, prout in registro super hoc confecto continetur nona augusti anno superscripto. *Signé* Le Maistre.

Et a costé estoit escript :

Lecta, publicata et registrata audito procuratore gñali regis sub modifficatione in regro contenta in quantum tangit domanium dicti domini regis, Rothomagi in parlamento vicesima die junii millesimo quingen° quinquagesimo. *Signé* Garreau.

On a rapporté ci-dessus, page 13, en quoi consistaient les modifications imposées par les arrêts d'enregistrement des Parlements, et on a dit que celui de la Chambre des Comptes n'avait pu être retrouvé, p. 19.

www.ingramcontent.com/pod-product-compliance
Lightning Source LLC
LaVergne TN
LVHW010322030726
842520LV00004B/1218